上海藝林軼事

周正平——著

鄭重

上海辭書出版社

年方正好的书画家（代序）

年方正好的书画家周正平兄曾经写过一本题为《上海艺林往事》的书，蒙他惠赠一册之后，因为有文有图，文字富有趣味性，我很快就读完了，还写过一篇读后感之类的小文，发表在一家内部刊物上。由此，我和正平兄成了朋友，虽然来往的机会不多，但他对于书画艺术的热爱和钻研精神，我还是能感受得到的。他在这方面还有一些不俗的见解，有的形容于文字，表达了他不断深化的学识水平，我也是很佩服的。现在，他将《上海艺林往事》这本书重新整理一遍，抽掉一些篇章，增加一些新作，再出一本书，题为《上海艺林珍闻》，并要我写篇序言，何以敢当，固辞不获，只好也学正平兄的样，把那篇旧作修改一下，删去一些段落，改写一些段落，以此充数，希望正平兄能够谅解，我只有这点水平，写不出更好的文章来了。

我首先要说的，是诗人田遨先生给这本书写的贺词，那首《减字木兰花》。田先生和我都是报人出身，但是论学问、论成就，我这一辈子也追赶不上。我有一套田先生的赠书，是《红雨轩十二种》（上下两册），里面收集了田先生写的小说、诗词、散文、杂论、剧本等各种文体的作品近七十万字，我略翻一遍，还来不及细读，心中却充满了“惭愧”的感觉。田先生的书法也好，最近还托人带给我一副他写的对联，上联是“笔走秦吴梦圆中国”，下联是“春来天地绿满枝头”。“秦吴”者，我本人姓“吴”也。我打了电话去致谢，田先生那天正在拍电视，是他儿子代听的，不知向田先生本人转达了没有。至今我和田先生只是神交，还没有见过面，田先生是逼近百岁的寿翁，我也将由“耄”至“耋”，怕冒风险，能不出去就不出去。这就要拜托周正平兄，几时你去拜望田先生的时候，顺便给我带个信吧！

正平兄书中写到了陈从周。倒不是吹，我和陈先生是很熟悉的。始于1979年，我在文艺出版社，有一天他来作访美报告，会后我向他打听京剧程派专家郑大同教授的事，由此认识。后来我在文艺出版社编《艺术世界》，过了一两年我又被调回《新民晚报》编副刊，陈先生经常赐稿，可以称为“铁杆作者”。用陈先生信上的话：“我们是老相好。”有几年，新加坡有位爱好文学的周颖南先生，每年都要到北京、上海等地拜望文友。到了上海必定要设宴请客，地点多半在豫园一个平常不对外开放的厅堂内，贵客有苏渊雷、杜宣、陈从周等。有一次还请了孙道临、王文娟夫妇，梁谷音好像来过一两次，每次我也得以陪坐其中。正平兄提到的“谷音涧”，我也去见识过，陈先生、梁谷音陪着一块去的。记得梁谷音笑着说，不过是一只水龙头罢了，但设计得很巧妙。陈先生也给我写过字，画过画，画的多半是竹。有一次他寄给我一幅“墨竹”，附有一函：“……自问一、不用墨汁；二、一气呵成；三、裱后效果更好。此中有真意，欲辨已忘言，望勿以陈某之画为草纸……”下面就是骂人的话了，想必正平兄自能意会。

苏渊雷先生和《新民晚报》老社长赵超构先生是大同乡（浙江温州），他在晚报副刊上发表诗词，最初是赵超老推荐的，后来就直接与我联系了。因为他曾被打成“右派”，我也做过“右派”，是“同科进士”，彼此感情上很自然地就接近了许多。每次在一些聚会上见到他，苏先生总在酒宴临近结束时，缓步走近旁边的桌子跟前，一手仍旧拿着酒杯，一手就拈笔题诗，诗多半是即兴之作，一副意气风发的样子。也不知过了多少时日，有次在豫园一家什么商店的楼上聚会，苏先生也来了，我不禁暗暗吃惊，怎么这样消瘦？精神也显得有些萎靡。苏先生本人似乎不以为意，谈笑如常。再一次见到他，就是正平兄也去过的同仁医院。那天我是到别的地方赴会，顺便去看他的。坐了一会儿，想不出有什么话可以安慰他。苏先生本人好像很淡然。他是学佛的，人的生老病死，他已经参透其中的“定数”了。

还有几位如程十发、唐云等，我只能说是“见过”，别的就不敢说什么。再看正平这本书，篇篇都有确凿可信的材料。好多又是他亲身经历、目睹的第一手材料，写得又有意趣，所以读来兴味盎然。正平兄本身就是“艺林”中的一员，对书画、篆刻等都有很深的造诣，说的话“无一处无来历”，又明白易懂，即如我这个外行，也从中得到了一些知识。我还没有细读。要细读的话一定还有更深的感受。看封面背后的简介，可见正平年富力强，又如此用功，正是“将来还有将来”，这不是说笑话。我相信清人赵翼的那两句诗：“江山代有才人出，各领风骚数百年。”今人之所以能够胜于前人，就在于他们“生正逢时”（吴祖光语），眼界阔，见识多，气宇广，想到这里，我不禁后悔自己早生了几十年，如今只能发出些垂暮的哀吟了……

甲午初夏 年方八十八岁

秦绿枝

福

目　录

艺坛珍闻

吴昌硕琐忆

吴昌硕是晚清以来诗文、金石、书画俱佳，具有多方面造诣的大艺术家，影响至深且广。

吴昌硕，原名俊，更作俊卿，字号颇多，晚年以字行。

清道光二十四年（1844年），吴昌硕生于浙江安吉县彰吴村。

14岁，始受其父吴辛甲指点。吴少好篆刻，初学吴熙载、徐三庚，继学钱松用刀，奚冈、黄易手法，“也是横执刀，刻时从右而左的”。后见齐鲁古封泥，形成自己苍劲、朴厚的风格，以后癖于斯艺。

咸丰末年，太平军与清军的战争波及浙江。

咸丰十年（1860年）与同治二年（1863年），吴两度跟随其父离乡避乱，至同治三年中秋回家，“全家九口，仅存父子二人相依为命（其母殁于乱离中）”。故观其早岁身世，也如日后的好友任伯年，可谓凄凉……

同治四年，吴家迁居安吉县城。秋，补考庚申科秀才得中，这在旧时代，算是有了点功名。是年方21岁。

据其裔孙吴长邺《吴昌硕先生年谱》简表，吴昌硕毕生勤勉，他的好学精神是很令人感动的。

年23，从施旭臣学诗。

年26，“负笈杭城从俞曲园学文字学辞章”。

年31，“秋到嘉兴识舍铁老”，知古器物。

年37，“在苏州，识杨见山（岘），欲师事之”，杨谦而推辞；又“向吴云求教”。

光绪八年（1882年）春，38岁时，因故里不宁，携家眷定居苏州西亩巷四间楼，以佐贰小吏谋生计：四月，有一位叫金俯将的朋友送来古缶，他喜欢极了，就颜其居为“缶庐”。

光绪九年春初，39岁时，识任伯年，此后为毕生至友，任为吴画像（今存安吉吴昌硕纪念馆）。

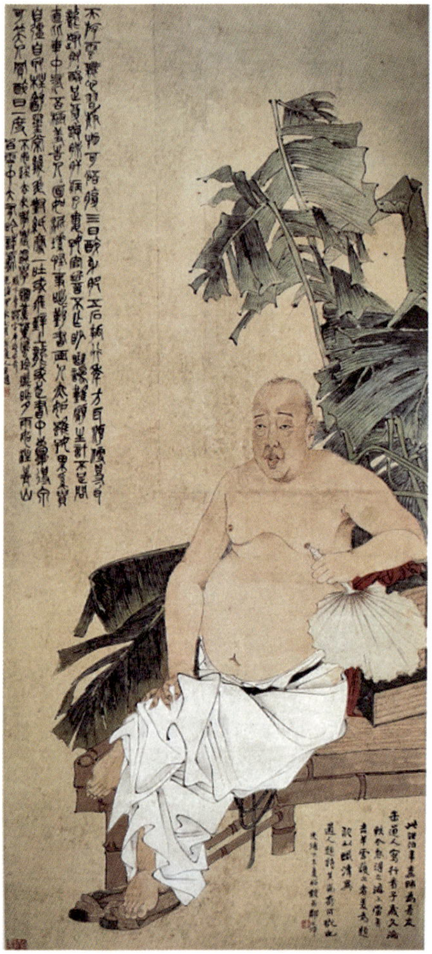

任伯年画吴昌硕像

细细看来，吴昌硕真正作画，是中年以后的事：他与蒲华、任伯年往来，谊在师友间，初时，他为这些画家治印，渐渐地，也有了绘画的兴趣，蒲华的羊毫粗笔启发了他，同时，他还敬佩任伯年的才艺。

光绪十三年，吴43岁，初冬，到上海吴淞觅屋小住。

吴昌硕居上海，有一段日子，几乎每天都来任伯年家里谈论画艺。任伯年高兴时，起身捉笔，画梅竹等花卉，吴昌硕携归，关起门来，根据稿本模拟，画得不亦乐乎！初学时，画梅花臃肿得很，看上去还不太像样，任伯年见后，劝其发挥所长，以石鼓文篆书的用笔方法入画，草书写枝干，“变化贯通”。

吴的石鼓文篆书，气势雄伟，堪称绝伦。

故而他作画如写字，他虽不及任伯年那样技艺精熟，不能以形似为能事，但以阔大雄放的笔墨气势见胜，不拘细小处，墨色淋漓、醒目，其干笔劲健处，如刀走印石之痕迹，评者谓之“金石气”，其苍老古拙之趣，开辟出晚清画坛另一片天地。

光绪十七年，吴47岁，识吴大澂，交往渐深。据陈巨来《安持人物琐忆》记述其趣事：“昌老性喜以刀乱刻，愙斋（吴大澂）书室中红木紫檀几桌上刻遍了石鼓文，故为愙斋所不乐……”

于吴大澂家作清客，应命刻“二十八将军印斋”白文印，边款：“俊卿制”，陈巨来评此印之佳为其生平所仅见之作。

光绪二十年，吴50岁，八月，作为幕僚，跟随吴大澂指挥的陆军北上抵御日本军队，大败而归。翌年冬，友人顾若波、任伯年、吴伯滔相继病故。

光绪二十五年，吴55岁，十一月，江苏同里丁葆元举荐他为江苏安东县令，到任一月便离去，故镌刻“一月安东令”之印。

光绪三十年，吴60岁，十二月，移居苏州桂和坊19号，定斋名为“癖斯居”。是年，丁辅之、吴石潜、叶为铭、王福厂四人在杭州发起创立西泠印社。

宣统三年（1911年），吴67岁，夏月，来上海吴淞觅屋居住。

1912年，吴68岁，在上海，自刻一印：“吴昌硕壬子岁以字行。”按此：吴昌硕在68岁后以字行于世。

1913年春初，昌老69岁，迁往上海山西北路吉庆里923号定居。是年，杭州西泠印社成立十周年，丁辅之、叶为铭、王福厂、吴石潜等相互谦让，公推吴昌硕为首任社长。王一亭拜其门下。

1923年，昌老已79岁，潘天寿、诸闻韵、诸乐三同来拜见。农历八月初一，

吴昌硕画

南通人王个簃年方二十七，初以篆刻请益，执弟子礼。日后，吴家延王个簃课孙吴长邺（如现今之家教）。

1924年，昌老80岁，陈巨来时年20岁，初从赵叔孺学习篆刻仅半年，与著名词人况周颐（蕙风）之女订婚。随况蕙风来访。

1926年，昌老82岁，九月，为王个簃三十初度画赠墨菊。

1927年，昌老83岁，据著名篆刻家叶潞渊先生对笔者口述：是年，“尝与（陈）巨来两度同往拜谒”。

陈巨来著《安持人物琐忆》尝记述吴昌硕晚年生活逸事：

昌老“人极矮小”，与蒲华相似处，终生嘴角上没有胡须，头上还盘一小髻，“初一见面，几与老尼姑无异”，故又自称“无须道人”。

生平极谦和，少时“深受杨见山（岘）之指授与提挈……入民国后，以王一亭努力向日人介绍作书、作画、刻印，声名之盛，一时无两。而其见人谦谦然一似平日，毫无自高自大之态，尤足令人钦佩”。“但所说、所示范，无一不诚恳异常，弥可感也。”“昌老在七十前，曾纳一妾，未二年，即跟人不别而行，昌老念念不已，后自作解嘲，笑谓先外舅曰：‘吾情深，她一往。’殊觉风趣也……”

昌老喜听京剧。

1920年，昌老76岁，八月，梅兰芳来寓所拜念，昌老作画“赠以梅花一幅”（据吴长邺《吴昌硕先生年谱》简表）。

1921年，昌老77岁，秋，“荀慧生由刘山农引荐为弟子（沙孟海同年入门）”（据吴长邺《吴昌硕先生年谱》简表）。

昌老“耳聋，但有时其子女细声谈论老人贪食零食等等，渠必声辩，不认多吃。故有人云他的聋是做作云云”。

昌老好吃，晚年尤甚，“如有人请他吃酒席，必请必到，到必大吃不已，回家时患胃痛……”

丁卯岁（1927年），画家“商君笙伯（言志）自绍兴家乡携来名产麻酥糖十包赠之，其子东迈仅予以一包，其余全藏去，不料被老人所看到了。入夜又私自起床，取食二包，竟梗在胃中，无法消化，遂致不起。”

巨来后又比喻一故事：“老人好吃，殆成常例，赵叔师（叔孺）晚年因在婿家，连食四喜肉多块，以致成肺炎而死，真无独有偶也。”

十一月，昌老辞世，享年83岁。

1932年，据其生前所愿，营葬于杭州东北三四十千米的余杭境内，距塘栖镇六千米之遥，超山大明堂外西侧200米山坡上。超山也是杭州著名的景区，与无锡梅园、苏州邓尉并称江南三大观梅胜地。

吴昌硕四世孙吴超、吴越，近年来多举办其先人的画展。

吴超吾友尝亲口告知一事：

上海博物馆现藏吴昌硕自刻桃红寿山石双面自用印，一面白文“昌硕”，另一面朱文“俊卿之印”，一面边款“此拟穿带印，昌硕”，另一面边款“丁丑九月刻面印以便行箧携带，缶记”。此印石于昌老生前便逸去……

吴昌硕《名花硕果图》

吴昌硕《岁朝清供图》

吴昌硕的画艺，最常见的是粗笔花卉画，以紫藤、梅树等最为绝妙，老杆虬枝，盘错苍劲如曲铁；为李复堂、赵之谦一路。与赵之谦相同，他从不画翎毛飞鸟。

吴昌硕的水墨简笔山水、红衣达摩人物画，是很稀少的作品，皆以浓墨粗笔勾勒出，也带着特有的石鼓文篆书、金石味。

山水画有时请吴待秋代笔。

赵云壑画与吴昌硕最相似，故吴昌硕晚年，每每不暇应酬，辄请他代笔，钤印皆真，细细赏来，还是有区别的，吴用笔方劲有力，而赵圆转滋润，尤其是款书，这些特点更为显著。

吴昌硕门庭颇广，近现代名画家多受其栽培，弟子如王震（字一亭）、赵云壑（字子云）、沙孟海（字文若）、王贤（字个簃）等皆有成就。

王一亭为东洋买办，初学徐小仓、任伯年，后醉心吴昌硕的画风，对其敬重有加，谊在师友间，故吴昌硕之画得日本人推崇，多王一亭之力。

吴昌硕本人长寿又落笔迅捷，传世的作品也多；再者，吴学识渊博，与况蕙风等谈诗，每有诗文长题，也为其作品增色。

吴昌硕画派的笔墨精神是值得后人借鉴的，但其布局、表现形式日趋单一，今人也是应该反思的。

吴昌硕团扇画

谢之光的“月份牌”创作和大写意画

一、月份牌年画的兴盛

鸦片战争以后，中国沿海城市相继开放，进出口贸易日渐繁荣，商业广告画也随之流行起来。最初，西方商人只是简单地印制欧洲的人物和风景画片赠送顾客，但收效甚微，原因很简单，中国普通百姓内心深处的审美观念不能接受这样的图画。

逐渐地，西方商人学会了入乡随俗的做法：采用中国百姓所喜爱的传统年画形式，将中国的戏剧人物、时尚女性作为广告画，以当时新兴的石印或胶印技术，结合木板雕印，用卡纸与铜版纸两种纸张，制成精美的印刷品，并在下端画上其商品或商号，附有中、西月历节气，结果深受民众欢迎，这就是“月份牌画”，也是中国起初的商品海报。其实，以现在人的看法，可以称为最早的年历画。

月份牌年画曾经是一种时尚的美化家庭装饰物，并有其作为日历的使用价值，商号也借此推销商品。凡知识阶层、政府职员、城市平民，在年终岁尾的时候随商品彼此相赠，悬挂张贴在自己的家中，已成为人们生活中的一种习俗。

月份牌年画始于清代光绪年间，各报馆、彩票行、轮船公司便已开始向客户赠送这样的广告画。至民国年间，一些大的行业都有发行宣传自己商品的月份牌，涉及香烟、火油、肥皂、蚊香、布料、化妆品等日用百货和酒类、药品等。中外厂商如英美烟草公司、南洋兄弟烟草公司、商务印书馆、信谊制药厂等曾专设广告部，而最大的承印商是中华书局和商务印刷馆。

月份牌年画的题材主要有仕女、娃娃、历史故事、戏曲人物、名胜古迹五类，以时装、古装仕女与娃娃为大宗，极少出现过一些反映汽车、飞机等时新的作品。

20世纪二三十年代，是这一画种的鼎盛时期，在发祥地上海，月份牌中的美女素有“甜、糯、嗲、嫩”的特点，可以说反映了当时社会的理想审美与追求。

旗袍美女形象是永恒的表现主题，因而又称“美女月份牌”。

20年代末，月份牌中身穿倒大袖旗袍的清纯女学生，是时髦中的佼佼者；至30年代，当时的电影明星如胡蝶、阮玲玉、黎灼灼等都被作为模特走入画中……美女时装已无定式：旗袍、裙装、长裤、泳衣都广泛应用。但从审美效果看，旗袍最能显现女性柔美的身段，同时又有端庄典雅的风范。月份牌似乎也更像是流行时装的精美招贴画，可谓真实记录了旗袍流行变化的进程。

二、月份牌画家

月份牌的兴盛也造就了一批画家，他们通常熟悉照相术和肖像画，有很强的写实功力。从开始到20世纪40年代，知名的有周慕桥、徐咏青、丁云先、周柏生、郑曼陀、梁鼎铭、胡伯翔、谢之光、庞亦鹏、倪耕野、杭穉英、金雪尘、李慕白、金梅生、杨俊生等人。

他们或受雇于中外厂商，或自营画室，以画件为厂商服务并培训学徒，都有大量作品行世。

月份牌的创作是在吸收西方绘画技法的同时保留中国传统年画的特点，民国年间，以郑曼陀、杭穉英、谢之光为三鼎足。

1914年，安徽来沪画家郑曼陀率先采用“擦笔水彩画法”，日后成为月份牌的经典技法：不特别强调明暗调子，先以扎住大部分笔毫的毛笔锋颖蘸些许炭精粉擦出淡淡的体积感，然后罩以透明的水彩色，使画中美女面容白里透红，光洁细腻而滋润。

接着，杭穉英创作了大量的摩登旗袍女性。他笔下出名的广生行“双妹”旗袍姐妹，亭亭玉立，其烫发、短袖旗袍造型，都是当年的时尚装扮，暗喻她们所使用的“双妹”牌化妆品也最时髦。

笔者在此主要描述谢之光的艺术。

三、谢之光其人其艺

谢之光，初名廷川，署东山后裔，别号栩栩斋主。清光绪二十五年（1899年）2月25日出生于浙江余姚，早年家境贫寒，后移居上海。14岁时，师从吴友如学生周慕桥学习人物画，继而改从“新舞台”的张聿光学习西画布景。两年后，又经张介绍到刘海粟创办的上海美术专科学校学了一年半西画，故具备扎实的写实功夫，是当时少有的人才。

自从上海美专毕业后，谢之光专职从事舞台美术、商业美术设计，先在上海福州路的天蟾大舞台画背景，后来以画月份牌、香烟广告成为闻名上海的广告画家。

谢之光“擦笔画”的代表性风格是把细微柔和的女性人物与大笔挥洒的背景相结合。1922年，他23岁，出版了第一张月份牌《西湖游船》图，就取得成功。以后几幅作品引起了工商美术界的关注，南洋兄弟烟草公司先请他进入广告美术部门；华成烟草公司因为激烈的商业竞争，出高薪请他担任公司广告部主任。他绘制一张广告画可得500元大洋。

谢之光与芳慧珍合影

谢之光春风得意，很快开设画室，招收学生，并一次性收学费500元大洋，按习俗，拜师礼时还要置办酒席。因而，他当时可谓收入极高，就连兄弟姐妹们都依靠他给养。

他的画涉及的面很广，凡人物、鸟兽、花卉皆精能，但早年最突出的成就是在仕女画方面。仕女画，也称“士女画”或“美女画”，是描绘上层妇女生活的题材。

谢之光日后回忆这方面的创作时说：“月份牌画开始时，是画全身美女的，要求美、静，有书卷气；后来逐步改为半身，但也反映当时的风尚的，如《春天游龙华》等。”（1958年4月，《美术》杂志发表月份牌年画作者座谈会纪要）

谢之光作画多模特，装束新颖。有趣的是，他笔下的美女和上海名妓芳慧珍很像，这里还有他们的生活逸事：

20年代末，华成烟草公司约他赶制一幅美女造型的商业画，谢之光偶尔于青楼间邂逅芳慧珍，痴迷她的美貌，经写生定稿，绘就了“美丽牌”烟标的月份牌。日后，谢之光与原妻离异迎娶了她。

谢之光原夫人名叫潘锦云，娘家是开银楼的，往常喜好跳交谊舞、赌钱，两人育有一子一女。据郑逸梅所写的艺林故事：这位夫人使起性子来，要怎样便怎样，起初谢之光还不依，她便将“所绘的画片，嗤的一声，撕成几块，直使画里真真，顿时粉身碎骨”。谢之光当然着急，因为都是公司的定稿，万万不能延期。又因画得工致，短时间无法重绘，“大糟而特糟”。

谢之光惧内之甚，郑逸梅叙述得很可笑：谢之光有外遇，一次，不意被潘锦云知道了，对面碰见；谢吓得“拔腿就跑”，夫人哪里赶得上，情急中，“连嚷着捉强盗”，警察果然将这“强盗”捉住……

旧时上海，许多商业谈判在“堂子”（妓院）里进行，一个与玉堂春齐名的妓女叫芳慧珍，与谢之光好上了。

谢夫人发现了谢之光与芳慧珍的关系，但她未争吵，只理智地提出离婚。1930年除夕夜，谢之光祈求：“还有两个孩子怎么办？别离婚。”但潘锦云心意已决，离家去了澳门，后嫁给澳门一家糖厂的老板。

1930年，谢之光和芳慧珍正式结婚。婚后，芳慧珍有情有义，对两个孩子很好，平日，她仍和年轻时一样很少出门。

谢之光根据芳慧珍所画月份牌

谢之光以后创作的大部分月份牌美女都是以芳慧珍为模特。

笔者写这篇文章时，尝见到谢之光为南洋烟草公司画的一张“美女月份牌”（如图），画中女子身着中短袖粉红色的旗袍，侧身端坐，面容当然是依据芳慧珍的脸，只是显现得更清纯些，她左手执花，右肘很自然地支撑着椅背，那神情，会让人联想起意大利著名画家提香笔下的女性，美丽、典雅。

40年代，月份牌发行量剧减，画片市场兴盛，谢之光的仕女画便成了这些画片社的重要项目，且销路很好。他还创作了大批报纸广告，特别是红金香烟系列的广告。

谢之光才思敏捷，除了仕女画，也常发掘新的题材。

当时，上海不少人喜欢搓麻将，他灵机一动，创作了《洪武豪赌图》，画中朱元璋身着红色锦袍，两手围拢桌上的金银元宝，一副得意赢家的样子，两旁围着侍女和恭维者；对座沈万三等人取出银票，神情谦和；背景中的家用器具陈设华丽，显现出富豪的气氛。该画印成时，巨大的发行量引来了不少跟风者与仿效者。

总之，谢之光早年在月份牌广告上的成就是上海广告美术中精彩的一页。

四、谢之光的写意中国画

谢之光于20世纪40年代开始国画创作。他是一位非常洒脱的艺术家，没有钱了，他就画年画，有钱了就画国画。

他有很强的造型能力，故师法任伯年，很快又醉心于吴昌硕、齐白石的笔墨技巧。他的中国画，或工整凝重，或夸张奔放，晚年更钟意于写意山水和花鸟，画风也更见沉雄和魄力。

细细分析，他的画技从有法到无法，随意点染，皆天趣盎然。他作画常常不拘一格，狂放不羁，毛笔、手指、丝瓜筋、棉团、竹筷、调羹，甚至揉成一团的旧报纸，都是信手拈来的工具。

同时代画家中，他与钱瘦铁在艺术上趣味相投。

人们或有这样的看法：谢之光的月份牌年画极工致，后来的国画趋向大写意，是心灵深处情感的直接抒发，甚至可以说是情感的放纵。

昔日，笔者尝购得其所作成扇，画中水仙自石缝而出，用笔干枯，设色鲜明。

他晚年的一些国画小品很有天趣。有时，他随手画了，章也不盖，或款也不落，常常就往桌子下、抽屉里一塞。六七十年代，全国实行计划经济，作画没有报酬，若有人喜好，他便随画随送，故自嘲“白弄山人”。

20世纪六七十年代，谢之光生活极贫困，在低收入的情况下，他甚至每画一把折扇只取1元多钱。73岁时，他看见橱窗里面的蛋糕，很想吃，但袋里没有钱，回想年轻时每月曾赚几千元大洋，现在窘迫得连8毛钱的蛋糕也买不起，任

谢之光画（上海中国画院藏）

何人都会感慨的！

谢之光晚年得了肺癌，刘海粟等画家都去探望。临故世前一个月，他仍然作画，且画得特别多，友人们排队索取，家人劝阻，他却说自己没病，一定要画，实际上他已经知道病情了。

1976年9月12日晨，谢之光去世。芳慧珍得知消息，流着泪，默默不语扎了一朵白花，不到一月，就是10月4日，也去世了，他们在彼国天堂里相聚。

谢之光的后半生全身心创作国画，成为上海著名的国画家。他生前为上海中国画院画师、中国民主同盟盟员。

时隔多年，谢之光的国画逐渐变得“洛阳纸贵”，程十发先生在题谢之光《江流万里图》长卷中这样写道：

“谢之光先生，海上画坛一怪杰耳，倒退20年，黑云压城，余尝于街头遇先生，虽白发苍颜，行疾疾，亦未有失路之态，磊磊豪气仍形于色也。

先生立海上画坛数十年间，无所不画，无所不能，而无所不精，无所不奇；不独画奇绝，人亦英雄，有品，有格，有至情，岂上海滩头徒以丹青事人之流可望其项背耶！

彼长居沪北苏州河畔之山海关路，处危楼，对污水，与爱者相濡以沫，指挥笔墨，呼叫丹青，未尝须臾变色。故知者呼之谓‘老爷叔’，皆心存敬意然。十年劫中，先生益困窘，所写反益多多，水墨未干，随手付人。近年洛阳纸贵，令

谢之光晚年画扇

藏者大发利市，得几多美钞、几多港币！而先生已去，山海楼空，姑苏城外，灵岩山下，墓草萋萋，唯余短碑。”

此可为对谢之光的确切评论。

叶潞渊的静乐簃往事

——叶潞渊先生谢世二十周年纪念

2013年9月，上海中国画院举办《刀笔传神——“西泠后四家”篆刻作品展》，请柬是收到的，但平日事多，竟然疏忽了。前些时，又接到展览作品集的邮件，打开细看，才知是叶潞渊先生最后捐赠的印章展，未能观赏，心中甚怏怏。

叶潞渊先生（1907—1994），名丰，字潞渊，号露渊、露园，常署款为“潞渊叶丰”，平素以字行，原籍苏州吴县洞庭东山人。他的祖父叶梦熊，字子范，与嘉兴沈卫是同年举人。后来沈卫中了进士第五名，有“殿试第五”一印，吴昌硕也曾为此刻“就里沈卫”的名印。

叶潞渊生于这样的书香世家，自幼喜爱书画篆刻，未及二十岁，就从江南名家赵叔孺学艺，精鉴赏，博闻强记，刀笔耕耘。早年在四明银行任职，后为上海中国画院一级画师。生前出版有《静乐簃印稿》《叶潞渊印存》两本印谱。

一、祥和的长者、谨严的金石书画家

20世纪80年代，叶潞渊先生的“静乐簃”居所坐落在徐汇区宛南五村，那是我经常去请教的地方，上得二楼，轻拍铁皮的外门，里面便传来询问：“阿里一位？（吴语：哪一位）”然后伴随着步履声，门开处，叶先生笑着将我让了进去……

走进二楼铁皮门，是一走廊，对门尽头，是一室半的套房，而自铁门右侧门进入的那一间屋便是叶先生日常起居、创作的所在，他每每也在这里会见客人。

按现在的看法：那是一居室半加一居室的公房，里面水泥地，简朴没有装修，但在80年代初的中国也算是好的。

“静乐簃”的名称符合他的性情，祥和、不张扬。

附近是双峰路，他说哪天给自己再起一个斋名叫“双峰草堂”。举例说：吴湖帆斋名“梅影书屋”，居处附近有淮海路，所以斋名又叫“淮海草堂”，吴也自言此名得于宋刻本秦少游诗文集——《淮海集》。

叶先生又笑着补充说：书斋名称很多，那是读书人的趣事，其实是一个地方。

他待人真诚宽厚，说自己二十四五岁时，也像我一样，喜欢跑些老先生家请教。

他不是喜欢场面热闹的人，绝少应酬。

有一次，我对叶先生说想与他合影，伸手去拿包里的相机，他立刻笑着连连摆手说：“老朽一个，没用之人，没有什么可拍的，就这样坐着谈谈很好的！”

他尝谦和如此，说：“我刻印本来是票友，后来别人硬要我下海，现在在家，也如同蛰居。”

他性情淡泊，与世无争，我请题写印册，叶潞渊先生说：“一个人关键肚子里要有东西（学问），哪怕题写在最后也不要紧的，要东西好，人落拓点也不要紧的……”

然而，他有很强的精品意识，为艺谨严认真，即使是题写签条之类也不随意的，总对我说：“先放着，下次再来拿吧！”

“文化大革命”后归还的一自用印有边角稍损，他对我说要磨去重新镌刻。

又说：“画册页如同参加画展，不可随意应酬！”

但他并不刻板，偶尔还开开玩笑：当作完一幅花卉画，客人来取，他会笑着问：“还好吗？”客人连连说好，他谦和地笑着说不算好，待取走时，又带调皮地补上一句：“出门不认账！”几个人随着也开心起来，这就是静乐簃中轻松和欢欣的气氛……

二、叶潞渊谈篆刻

叶潞渊先生以篆刻名世，据唐云先生告知：“初学陈曼生。”以后深研秦汉印、战国古玺及赵之谦等浙、皖诸流派，质古而有大家气度。

赵叔孺在印学方面有三位成就显著的学生：陈巨来、方介堪、叶潞渊。

叶潞渊篆刻

我尝询问三人谁随赵叔孺先生早？

他告知："巨来早两三年，我和介堪差不多时间。"

陈巨来工圆朱、满白文，刀法雅健，精能已极；方介堪擅刻汉玉印形式白文，还有从吴熙载等皖派印风演变来的朱文，多冲刀法；相对而言，叶潞渊的印章变化最多，刀法由浙派兼及皖派，线条光洁中见生拙，同道中人评曰"谨严精妙"，但他自感创作数量不及陈巨来和方介堪。

叶潞渊先生治印也主张借鉴吴昌硕。说到其印章的好处，他说那是要分时期的：

"吴昌硕印章三十至五十岁至佳。

"吴昌硕印章不仅靠刀刻，手法较多，他自己也不知如何会好的，所以，别人学不好，也很难学！

"吴昌硕的字学得不好有黑气、斜的习气。"

有一次，我问叶先生刻印是否在印面上做过？

答："没有，主要是复刀。印面当然是少复刀为好，但效果第一！"并说："唐云画画，哪怕是小草之类的也多复笔，关键只要效果好！"

叶潞渊先生谈起对篆刻的见解。说到印章追求：

"刻印，要有人力达不到的效果最好！

"习气有时候就是风格。

"刻印，既要雍容华贵，又要平淡、天真、大方。

"书画篆刻，气格都要大，并非幅面之大，而是指刀笔所产生的感觉，论艺最后就要讲气格和修养，此为一般工匠所不及！"

说到印章刀法，叶潞渊先生说：

"刻印不能三刀两刀解决问题，总要对自己的作品负责！

"吴让之运刀好极了！

"运刀的长处，吴让之、徐三庚最好，都极有本事；但在篆法上，吴平淡大方，徐较多习气。"

有一次，我问如何看待刻印运刀之深浅？

答："运刀浅较轻松。"

我又追问："叶先生运刀浅吗？轻松吗？"

答："我运刀较深的！"

说到印章篆法，叶潞渊先生说：

"章法是要动的，但要有动也要有静，风格有强烈和较强烈的。"

他鼓励我有自己的想法，说："要会思考，会动脑筋，刻印是应该多用心，多想想。"

我问："我刻印如何发展？"

告以："关键要懂！"评以刻印最大的长处是总体趣味"雅"。

叶潞渊先生还谈起印章故事：

他的墙上有一幅清代翰林汪诒书的对联，钤印为齐白石早年所刻，告诉我说是学黄士陵风格。

又说：20世纪60年代，郭若愚于扬州旧货摊以二角钱购得赵之谦"吉祥"椭圆形朱文印，现见于《赵之谦印谱》。

他觉得老朋友钱君匋在各方面比自己时髦。吴子建的篆刻好极了！趣味"鲜"……

作为篆刻家，叶先生精通篆字，但他谦虚地对我说：自己这些学识，算不得大学问，活着的人里面，容庚、商承祚等才是真学问家，顾廷龙的篆字最好！

谈到上海当代人的书法，他说谢稚柳、陈佩秋的字好！

三、叶潞渊与吴湖帆和唐云的友情

请叶潞渊先生刻印的画家是很多的。他毕生最敬佩的两位画家，前者是吴湖帆，后者是唐云。

叶潞渊与大画家吴湖帆的交往是很投缘的，他为吴湖帆刻印数十方，吴常钤于画中，吴后人尝尽现与我，所见到的有"湖帆""吴湖帆印""吴倩画印""佞宋""迢迢阁""淮海草堂""吴带当风""十里荷花""山抹微云""饮湖光山渌成花貌"等。

吴湖帆为他作画，也是不同寻常，那幅横长的"后村词意图"，水墨渲染而成，高雅绝伦。这张画与一幅文徵明横长幅字真迹“题东山图”常挂于静乐簃的素壁上，可见其志趣。画中高松乔木，峰峦起伏，一隐者沿小径拾级而上……吴湖帆的山水画，我所见到的点景人物仅此一幅，故尤为珍贵，落款文字为南宋词人刘克庄（号后村）的佳句：“傍人错会渊明意，笑斯翁，皇皇汲汲，登山临水。后村词句，为潞渊兄作，乙未秋，吴湖帆随笔。”钤两印“吴倩画印”（白文）、“吴带当风”（朱文），皆叶潞渊所刻。

但叶潞渊先生并不喜欢吴湖帆的字。

他与唐云彼此友善，从性情上说，是互补的。

唐先生亲口告知我：“潞渊的印章，文箧中最多，约有一百多方。”

叶潞渊先生也曾告诉我说：同龄画家中，唐云不仅才艺好、学问好，身体也好，所以“挑得起来”。

他说起唐云：“认真噢！”其实他与唐云的共同点是创作认真，有很强的精品意识，不满意的作品绝不给人。

我曾经追问：“叶先生是什么时候认识唐云先生的？”

答：“具体时间忘记了，就这么很自然地认识了。”

据我日后的近邻，他们的老友符骥良回忆：自己与唐云相识于1947年，20世纪50年代至60年代初，叶潞渊、唐云、钱君匋、符骥良，每逢周六中午，常聚会于沪西曹家渡状元楼酒楼。

叶潞渊先生简朴的书斋内长年挂着一幅唐云先生画的兰竹图，成于20世纪70年代，为四尺六开的宣纸，水墨横式样，略具清代石涛笔意，高雅超然，仿佛是这两位书生艺术家的自我写照。我曾询问画的来历，叶先生说：“有一次，去老唐家里，见到这幅画，心生喜悦，老唐就给了我，回家挂到镜框里，大小正合适。”

我少喜绘事，凡书本空隙处、课桌表面皆涂满，为此，少不了受训斥。某日，出示仿石涛山水淡彩小品，叶先生见了说：“蛮好嘛！”我回说：“不好。”叶先生再说：“哎，蛮好的。”叶潞渊先生尝荐我往大石斋，我画笔之圆润处多受益于唐云先生，然自知朴厚不及，取其灵逸。

但叶潞渊先生不喜欢唐云先生的字！

叶先生的性格里自负的一面，我偶尔见其一二：他说唐云的画好，出笔与人不同；但唐云的字，“开玩笑！”唐云先生曾经给我的小册页中题写“金石寿”三字，我转请叶先生题写，这次，他真的很较真，说一定要题在前面，因为他比唐云大几岁……

叶潞渊先生也曾表示不少人刻印受他影响。但叶先生晚年很少为人治印，间或以丹青酬世，他尝亲口告诉我说：“现在自己是画画多了！”他擅长花卉画，兼有清初恽南田、华新罗两家风韵，笔下紫藤、萱花、芙蕖、海棠、枇杷、寿桃等花卉，清新秀逸。

叶潞渊仿石涛画

叶潞渊《萱花》

其实也不奇怪，自明代以来，篆刻家擅丹青者不乏其人，篆刻家始祖文彭本来就是画家，以后奚铁生、赵之谦、吴昌硕、齐白石以及他的老师赵叔孺等皆于篆刻、绘画方面享有盛誉。

1993年，叶潞渊先生住医院两次，唐云先生向我询问病因，我回答说："具体不清楚，只是觉得心脏不好。"唐先生用手捂着自己的胸口说："我也经常觉得心脏发闷，不舒服……"中秋期间，唐云先生住进了华东医院，大约两个星期以后，唐云先生去世了！

1993年底，我去看望叶潞渊先生，记得他那时身体不好，虽说是在家里，但手臂上还插着输液管，叶先生感叹地对我说："唐云的画路很宽，什么都能。"接着，他的话令我惊心动魄："齐白石的画不见得都了不起，好的种类没有唐云的多；唐云的兰、竹画，近现代无人可比……"

1994年1月，叶潞渊先生也故世了，享年八十八岁。

记得我当时曾为挽联："时雨每沾欢往昔，青毡永慕痛平生。"

四、永远的怀念

叶潞渊

现代人自幼及长，不知有多少老师，受新教育，不应为门户所囿。我自幼喜绘画，三十多年前，学习篆刻，受过两个人指导：运刀俊健，受益于韩天衡先生，此源于吴熙载、黄士陵；气韵质古，受益于叶潞渊先生，此源于赵之谦、吴昌硕。此二子皆当代篆刻名家，性情不同故表现形式相异，韩先生刀笔强健、篆法富于动感；叶先生质古朴厚，章法谨严精妙。鄙性情较之多敛，稍灵动，趣味朴雅得于书卷气。

数月前，"韩天衡美术馆"建成，诚显赫。而明年春天，将是叶潞渊先生谢世二十周年纪念。画史所谓："黄筌富贵，徐熙野逸"，各传千秋。2013年10月18日，《新民晚报》副刊《夜光杯》刊载陈茗屋印家“怀叶潞渊先生”的文章，读后也很感慨！叶先生性情恬淡、人格高尚，祥和且真诚，当今之高士，其认真治艺值得深深敬佩！叶先生的音容笑貌仍历历眼前，其谆谆教诲，我永怀不忘！

时2013年11月7日将赴台湾前夕

淳朴的画家沈子丞

画家沈子丞（1904—1996），原名沈德坚，别名沈之淳，取号淳然居士、听蛙翁，室名离垢居、壶芦庵、听蛙馆等，浙江嘉兴人。

沈子丞在书画、围棋、动漫、诗文多方面成就斐然，长于鉴赏，精通画理，著有《历代论画名著汇编》《沈子丞书画集》《古今围棋名局汇选》等，前后多次再版。他是上海中国画院筹建时最初的老画师，晚年为上海市文史研究馆馆员。

一、生平概述

沈子丞幼时，父亲在嘉兴北门大街上开了一家书画店，他有空就喜欢到店里临摹。小学时代，图画老师对这位颇具绘画天赋的学生很关照，细心加以指导，并经常带他来家里观赏收藏的古画，沈子丞对于绘画渐渐有了浓厚的兴趣。

16岁时，私淑嘉兴画家潘雅声的仕女画，就工笔入手，临摹了大量的名作。

1920年，17岁时，以优异成绩考入上海中华书局编辑所图画部做练习生，这是当时中国出版业的巨头，是文化人向往的工作。

1923年，得识著名画家郑午昌等艺坛前辈。

郑午昌在绘画及其理论方面有突出成就，对沈子丞钟爱有加，悉心指导他学习山水画。

沈子丞天资聪颖又勤奋好学，还精心研习古代名画法帖，并从著名学者张献之学习诗词。

1925年，21岁，沈子丞创作的《踏青图》《桃源送别图》《醉僧图》三件作品参加上海“蜜蜂画社”举办的展览，皆售出，赢得“新出土”雅号。

1929年，《簪花仕女图》《围棋图》两幅作品入选第一届全国美展，前辈画家何香凝观展后在《新闻报》上发表文章以示赞赏；另一幅作品《无量佛寿》也被选送参加中日绘画展览。

1930年，经郑午昌介绍加入“蜜蜂画社”，与王一亭、马公愚、张大千、郑曼青等众多海上名家交往。

1932年，编著《亚细亚图画教材》，一套共6册。

1933年，《沈子丞集古人物画稿》出版，海派画坛前辈王一亭、郑午昌题签。

同年，画家刘海粟在德国举办画展时，特带去沈子丞创作的《雾》《梅花》两幅作品，其中《雾》被柏林博物馆以100马克购藏。

1934年，沈子丞30岁，担任了上海中华书局编辑所图画部主任，月收入240大洋，相当于北大著名教授的待遇。

1936年，编著《古代画家的故事》出版。

1938年，编著《历代论画名著汇编》出版。

1940年，编写《活动卡通画法》，为中国最早的卡通画教材，影响甚大。

同年，结识大收藏家庞莱臣，面对名迹，心摹手追，眼界为之大开。

1941年，编著《围棋与棋话》出版。

1942年，编著《古今围棋名局汇选》出版。

1945年，参加“东南书画社”，与马公愚、白蕉、唐云、钱瘦铁、来楚生等人交往。

1947年，民国唯一的上海《美术年鉴》介绍沈子丞：“擅人物画，以老莲笔意，取法新罗，古朴可爱，异于时流，偶作儿童小景，另饶风趣……”

1949年，为首批中国美术家协会上海分会会员。

1950年，与陈秋草、贺天健等成立“上海市新国画研究会”。

1951年，沈子丞离开了工作31年的中华书局，调任中共一大会址纪念馆副馆长。

1953年，创作《分得了农具》，参加全国国画展。

1956年，与吴湖帆、贺天健、丰子恺、林风眠、唐云、谢稚柳、陆俨少、江寒汀、张大壮等人，成为上海中国画院筹建时的第一批画师。

沈子丞正式从中共一大会址纪念馆调入上海中国画院。

1957年，“反右”运动开始后，与白蕉、陆俨少等人被错划为“右派”，陆俨少扫地，沈子丞看门，荣辱迭变，大起大落。

现有网上内容多有差错，兹更正如下：

据他的学生张倩华所写：“1959年反右斗争后期，沈子丞先生被迫离开上海中国画院，只身从上海来到苏州的一所工艺画社从事国画创作、设计工作。”（见1992年8月出版《沈子丞书画》序）。这一时期，沈子丞运用的笔名有“段式基、柳素、寿昌”。

沈子丞临摹了马和之《唐风图》册页、李公麟《维摩演教图》、《渊明故实图》等长卷工笔人物画，真可谓勤奋。

又据张倩华序中所写：1962年，“创作了拙政园全景，其中点缀了100个美女的《百美图长卷》，一时称绝”。“1966年，他为围海造田的壮观场面所感动，创作了《群雄大战黄天荡》大型现代题材长卷，画面上1 998个人物，个个形象生动”，该画长十米，现藏苏州工艺美术博物馆。

“文化大革命”期间，沈子丞屡受冲击，身心憔悴。

张倩华记述：“1970年，先生再度失业，回到上海。1971年，苏北农村东台县组织工艺画社，请先生去主持设计”，具体为苏州高伯喻邀请，共六年半。

沈子丞平生好游历，注重从大自然中获取创作灵感。20世纪70年代中期，沈子丞已年逾古稀，费时月余，遍游黄山、泰山、华山以及洛阳、西安、成都、重庆等地，并经三峡至庐山，以造化为师，形神兼备，绘制了大量写生稿，眼界更为开阔。

1978年，为苏州工艺美术研究所顾问。

1979年，黄苗子向文化部推荐沈子丞，沈子丞彻底平反，上海市市长汪道涵聘请其为上海市文史研究馆馆员，并恢复上海中国画院画师职务。

上海市委书记王一平赞赏其书法，曾请他在唐伯虎老师周臣的扇面画背面题字，器重如此。

1980年，应文化部邀请，到北京中国画研究会进行为期三个月的创作。

20世纪90年代初，两次应邀赴新加坡举办画展，展出的200余幅画被订购一空。

二、画艺述评

沈子丞多才艺，山水、花卉、人物、蔬果兼擅，并工书法，能诗词，学养深厚。他作画，笔情纵恣，湿笔、枯笔、浓墨、淡墨，相杂运用，线条工写结合，老健而洒脱，古朴圆拙，常设以淡彩，惜墨如金，气格闲逸雅静，意境深远，具有独特的艺术趣味。

沈子丞的人物画，源于马和之、华新罗，并能将传统的文人画融汇新的元素。据《中国画学全史附录》：沈子丞“尤擅仕女”，笔下的仕女童叟，纯真稚气，呼应唱和，具有浓郁的生活气息。

沈子丞《岁朝图》

沈子丞的山水画，取法清初石溪、石涛，而能另辟蹊径。常常表现出萧疏的诗意：几簇芦苇、庭园丛树，或于乡村篱落间点缀渔翁樵叟，意趣纯朴，超凡脱俗。他笔下山水环境往往与人物融为一体，相得益彰，同样精彩绝伦。

沈子丞山水画

沈子丞的书法苍古朴厚、独树一帜。起初学恽南田，后取法钟繇《荐季直表》并加以变化，落款意在隶楷之间，其字体具有画意，浓淡相间，伴随卧笔、枯笔互用，线条苍中见润，耐人寻味。

沈子丞题

三、沈子丞谈画理

有关绘画理论方面，沈子丞在民国时期潜心编著的《历代论画名著汇编》《图画的鉴赏》等书，曾多次再版，影响甚大，20世纪80年代，笔者就购得一本。

1983年，沈子丞应约在《朵云》画刊上连载了《壶庐庵谈画琐记》十八篇，最能代表其思想深度，读来很是受益。

关于用笔技艺方面，沈子丞认为："作画的技法，固然需求熟练，但亦不能表现得笔笔老到，总也要有嫩处才好，如若满纸老气横秋，往往会大煞风景，失去韵味，必须也要有嫩笔，才会产生秀逸之感，而余味无穷。"

关于绘画风格，他认为："用笔也有高雅庸俗之分，所以判定风格高下，不独在形式，实际牵连到思想内容，这和一个人的学识、胸襟、气度、涵养都有关系。"

关于绘画作品，认为："画岂能幅幅皆精妙乎？精选者不过十取二三。"并谦虚地说，"我画的作品，往往十件中有一件尚可。"应酬画与商品画，往往"应命"而作，并非发自画家内心情感，很难完好。

关于老师与学生的关系，沈子丞认为："做先生的要为学生的进步尽力，不要一辈子把学生压在自己的下面"，"学术总应该一代胜过一代"。师生相处，"后生尊重前辈是尊重历史，先生爱护学生是爱护未来"……这些画理名言，足为后来艺术家们借鉴。

四、晚年印象

沈子丞晚年心态平和，勤于绘事。

他上海的住家是在长宁区玉屏南路，印象中有一个很大的画桌，但长时间隐居于苏州南面团结桥附近一幢老工房的两楼，潜心画画，这是他一个学生的住处。

1993年，沈子丞先生90岁时，笔者制一白文印章："子丞九十以后作"，特从上海前去拜访，老先生长得矮小，也不胖，说话语气平和。

那天，他见我来特别高兴。

我们闲谈了好长时间，他前些时刚从新加坡办展览回来。那位女学生长我许多岁，拿出一本印有画的台历。沈老示意不够好，取来最新出版的画集相赠，封面“沈子丞书画”五字是新加坡老前辈潘受题写，内容集沈老书画作品数以百幅，厚厚的，印制精良，这在90年代初的中国已属于很完美的事了。沈老又在扉页上很客气地题写：“正平法家教正，子丞。”并钤印我为他刻的章。

沈老意犹未尽，起身还为我画了一幅册页：一老者拱手盘坐于蒲垫之上，旁依童子。整个过程运用长锋羊毫笔勾勒而成，起伏变化，不加草稿，可谓随手拈来，其设色淡雅，都达到了炉火纯青的地步，正如陆游诗句所言：“少壮工夫老始成。”质朴、简洁、大方，题写：“蒲团清梦”。这幅画，沈老画得较快，还客气地不让我站着，几次示意我坐着看，最后落款：“子丞急就，时年九十。”钤盖篆刻家来楚生刻的押字印，老者的边上又加白文印，神完韵足！

沈子丞《蒲团清梦》

中午时分，我起身告辞，沈老谈性正浓，不允，坚持留饭，宾主坐定后，我觉得应该写一篇文章介绍老先生，沈老淡然地说：“不用了。”感慨道，“九十岁，快死的人了！”那位女学生待他特好，劝说不要有这样的想法，并劝他吃甲鱼滋补好身体。下午三时许，我担心影响老先生休息，再三告辞才出来。

翌年春天，我又来到那里，沈老竟然对年前之事忘得一干二净，还是那位女学生，在一旁陪着闲聊，并解释说："老先生健忘，对别人的问候也没有回信的习惯。"可见其甘居寂寞，不善应酬交际，淳朴如此……

1996年6月5日，沈子丞病逝于苏州，享年93岁。

五、才情大于名声

沈子丞是一位有造诣、有风格的画家，他的毕生精力和才情都倾注于书画艺术之中。

其作品源于传统，别开面目，具有一流的书画水平。但他生前没有显赫的地位，只有二流的名头。尽管其作品民国时期就被关注，以后由于命运多舛，渐渐被忽视，也只有三流的价位，与其艺术成就极不相符。

直到20世纪90年代初，沈子丞两次应邀到新加坡举办展览，200余幅书画尽被销售，他的作品，才重新受到收藏家们追捧，后世影响将更大。

最后的唐云

逸览世先生在上海中国画院开画展了，欣喜之余，也引起了我对往日许多事情的回忆。

去年夏天，为纪念当代著名画家唐云先生百年诞辰，上海书画出版社出版《唐云全集》精装四册的大开本，逸览画家也给我留存了一套，扉页的空间处写道："正平贤友雅赏，庚寅初夏，大石斋后人唐逸览赠。"告诉说：第四册里还转载了我昔日写的回忆文章——《唐云的情趣》。

唐云先生已故世十七年了，大画家的言谈举止历历在目，仿佛就发生在昨天，回想起来，我真是感慨万千！

唐先生长得魁伟，有时，他的白衬衣前会有一些墨色的痕迹。冬天的时候，他经常在已谢顶的头上戴一顶绍兴式的黑毡帽，很沉稳地坐在那里，抽着烟，喝着茶，端详着画……

唐云先生留给我的印象中，最深刻的是名士风度和书生气质。

唐先生性格如何？我觉得杜宣先生在一篇文章中写得很确切："平时言语不多，但言必有物。就是孔子说的：夫人不言，言必有中。"

他永远带着杭州地方的口音，言谈时举止从容，思绪敏捷，有时还挺冲人的。

比如：有一次，唐云先生与我谈起他的身世，告诉我说自己的祖先原是从绍兴地方定居杭州的，我的好奇心来了，就打破砂锅问到底："唐先生，你的名字怎么来的呢？"他听了有点不悦，言语中带着责备，说道："那是我老子起的……"

有一年新春，我画了一幅《岁朝图》前去请教，唐先生觉得"爆竹（红色）

唐云品茗

画得太淡”，打趣说：“算是放过了？”然后又开导说：“墨要磨得浓！”

他曾调侃自己大腹便便，说哪天开刀把里面的油水去掉一些。

1992年，唐云先生将迁新居，来了一位友人，可能不知道说什么才好，问来问去就是搬家的事，唐先生很简短地回道：“不要问，搬的时候搬。”那种直率，我真想发笑。

若与唐先生一旦投缘，他便爽快、真诚起来。他对我回忆起少年时代在杭州的生活，说自己还住过西湖边的俞楼……昔日，我向唐先生请教石涛画法的时候，他告诉我：许多年以前，曾将一幅石涛的画送给友人。我听得惊奇！

现在，我再分几个方面叙述唐云先生的往事吧。

一、唐云先生嗜好古器物

唐先生嗜好古器物，这是熟知他的人都知晓的事。

一天，我到大石斋，唐先生正在静静地完成一幅半成品画，过不多久，他停下笔，点燃一支烟坐到椅子上小息，画桌边缘的小碗内贮满清水，里面浸泡着一个白色的古玉璧。

我脱口而出：“这是汉代的玉璧。”

唐先生抬起头，高兴地问：“你倒懂的？”然后一拉抽屉，从里面取出一块鱼形的玉器说："我考考你，这是什么年代的？"

我摇摇头回答："这个年代不远。"

唐先生不加理会，再次追问："什么年代？"

"应该是明、清两代的。"我勉强回答。

"错了，是宋代的。"唐先生纠正完我的话，将那件小玉鱼放了回去……

20世纪80年代以后，许多大陆文物都流入港、台地区，一次，唐先生从木架上搬出一个青灰色的汉代大陶罐，告诉我是费了"4 000元从香港买回来的"。

我说："太贵了！"

他说："不贵的，因为上面有字的。"

他指着陶罐口刻的"大吕"两个字，命我回去查查，下次来说答案。

过了一会儿，唐先生用手指着陶罐下方一个很小的像是封泥的印迹说："字太小，眼神不好，里面有一个字看不清楚，你看看。"

我仔细辨认，那是一个很细小的篆体"宜"字，便用上海话告诉他，可唐先生听了几遍还是不清楚，我情急，找了片纸写出来，"宜！"唐先生一看就用杭州话纠正我……

二、唐云先生的怀旧之情

唐云先生是重情义之人，他有几首怀念故友的诗，写来情真意切。

比如，回忆与挚友若瓢和尚在杭州少年时代的生涯：

"苍水祠边负手行，一秋十日住南屏，寺僧与我都飘泊，剩有湖山入梦青。"

又如，题好友来楚生书画七绝二首诗：

"画笔对君难出手，酒兵输我破重围。侵寻四十年前事，烂醉西泠送汝归。"

"展图重瞻墨犹新，老笔纷披越有神。不信楚生竟死去，腾腾活气有余春。"

我知晓唐云先生才艺极高，有时候还很自负，唐先生在同龄人中可谓最全面能画的画家，但这两首诗将自己写得很谦虚，最后写得也很动情……

唐云先生迁新居后，有一次，我前去请教，因我的名字与他的杭州老友边政平先生相同，便问我："边政平怎么样了？"我摇头说不知道，他使我前去问候，我就来到了中山公园附近兆丰公寓三楼的房间内。

边先生是上海文史馆馆员，别名边成，长唐先生数岁，瘦瘦的，留着山羊胡子，他的双腿已行动不便，盘坐在床榻上，但人很精神。墙上的镜框里挂着一幅唐云先生十多年前为他画的水墨《兰竹石图》，六尺开四的条幅，用笔苍劲，留给我很深的印象。

边先生言谈和蔼，身旁有一个女儿叫边含光，长我许多岁，圆而略尖的脸上戴着眼镜，不时插上几句话来……

下一次，唐先生见到我就说："边政平来信了，里面还夹着字和照片！"

两位老先生已多年没有见面了，彼此也难以走动，边先生在信中述说很想请老友寄一张照相看看，聊慰平生。

唐先生又对我说："可惜没有现成的照片。"

我立刻自告奋勇："过几天我带一个照相机来。"唐先生点头赞同。

不久，我就带着一个海鸥牌DF2型手动对焦距的照相机前来，这一天，唐先生很开心，因为是加底片的，无法预先知道效果，为保证照片质量，我选择多方面的角度进行拍摄。中午时分，来了一位推拿师傅，乐呵呵的样子，唐先生将他引入隔壁的房间，我也顺便告辞了。

三、唐云先生的几张照相和几幅画

我当初为唐先生拍摄的这些照相，经过许多年，到如今也是弥足珍贵的资料了，我仔细查看，好像往事再现：

照片中，唐先生在画桌前，插手而坐，手边有一把井栏壶。

从照片的左下角可以看到，他晚年作画舔笔用的小纸片，往往是从他认为不满意的画裁下来的。

画桌上有一张鱼形图画草稿，这幅正式完成的画现在已被收入《唐云全集》第三册第677页，名为"杨梅熟时"。画面的中偏右侧是一盆从树上采折下来的杨梅果实，底下有一条刚捕捉到的黄鱼，一束芦草从鳃间穿将出来，画上题两句诗："石首鲜呈黄蜡面，杨梅浓绽紫晶盘"。

记得创作这幅画的前几天，我来到大石斋，唐先生用杭州话问："花绽开的绽怎么写？”又补充说：“就是花开的意思。”见我还不理解，他调侃我说：“你还复旦大学毕业呢！”

我听后心急道：“有字典吗？”

“有的。”唐先生说着递给我一本小开本的《新华字典》。

我顺着拼音快速查到“绽”字，递了上去。

“唔！”唐先生接过字典……

再从照片上看，唐先生背后的墙上挂着几幅立轴，自左至右，分别是：

石涛《淮扬洁秋图》，属高清的仿制品。

汉碑拓本，裱件的右侧有晚清沈树镛的题字，赵之谦篆刻的印记。

还有何绍基七言对联。

我当时曾肃然起敬地仰视这何绍基的真迹，“蹩脚的！”唐先生简短地说道，我不敢再言语。

《唐云全集》第三册第674页有“雏鸡图”，许多部分是我看着唐先生画的，那时，他手执一支并不算阔大的狼毫笔，出笔准确，当画完小鸡的上半身时，唐先生停下笔来，高兴地问我：“画的什么？”

“一只鸟。”我没假思索就回答。

“一只孵壳鸡。”唐先生纠正说。

他画下面坡石轮廓的时候，只寥寥数笔，迅疾而肯定。过了一会儿，唐先生在小纸片上舔净笔，蘸上红色，然后褪去眼镜，认真地画出鸡冠。

“唐先生，您的眼镜几度啊？”我好奇地问。

“500多，近600度。”唐先生回答。

“我也500多度。”我开心地应和着。

唐云《杨梅熟时图》

唐云《雏鸡图》

他画花卉枝干、叶子的时候，用笔也很简练，然后，用一支较尖细的狼毫笔，勾勒出花形，背影处再擦几笔，显现出质感。

“这是吊钟花。”唐先生告诉我……

四、唐云先生的诗情和最后想见的诗人

唐云先生对古典诗词具有浓厚的兴趣，他喜欢的诗人有吴梅村、袁子才等，更喜读唐代李白、杜甫等人的诗句。应该说，他的诗文很严谨，斟酌再三，并亲口告诉我：“没有画笔快。”故不轻易题咏。

我曾携一印章裱拓件想请他题词，那时候，唐先生与我已经很熟悉了，就将那裱件推开说：“唉，没有句子。”又看着上面遍集时贤的字迹，用手一指，笑着调侃我说：“像发票一样”……

还有一次，我画了一幅时蔬图，上面借题画家沈子丞先生的诗：“园蔬清且腴，粱肉不能及。可怜富家子，只求山海鲜”。我携画前往大石斋，却疏忽了唐先生喜欢肉食，他流露出并不欣赏这样的诗意。

我三十岁时，自画一竿墨竹，并寄题前人诗句：“一枝风篁点笔新”，持去请他指教。唐先生看后说：“有点顾定之的趣味，画得不错。”也喜欢那句题画诗。

我知道唐先生是杭州人，还有一次，特地准备了一首自己《登孤山远眺西湖》的律诗：“临安故事梦成空，吴越湖山旧日同。欲度六桥迷翠柳，重寻净刹有仙风。斜阳帘外轻笼雾，岚树台前晚退红。难得留连为过客，孤山独坐绿荫丛。”想得便请他过目，但那次时间匆忙，未能出示。

唐云早年荷花

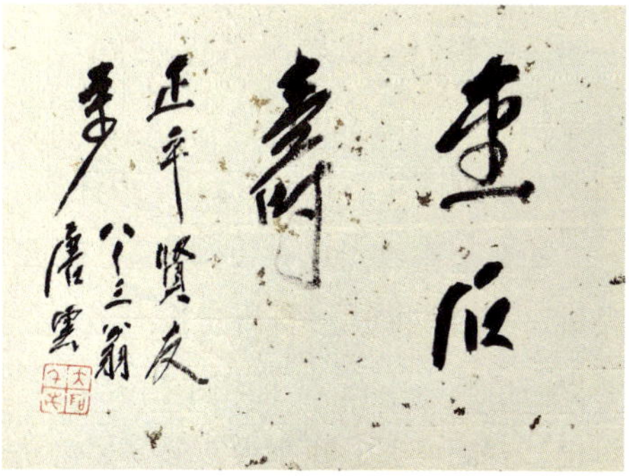

唐云题

唐先生与同样是杭州籍的诗人徐定戡先生已许多年没有往来了，他们也都与杭州前辈诗人徐行恭先生熟悉。

徐定戡先生也是上海文史馆馆员，抗战前，祖父辈在杭州、上海两地都有纱厂。他的诗思是很快的，曾自负地对我说："你还没有走出房门口，我的诗已经成了。"昔日，他藏有许多唐云先生早年的成扇，都画得极精致，我曾将此事转告唐先生。"画呢？"唐先生提起精神来追问。"可惜'文革'中都没有了。"我回答。唐先生默然不语。

现在仔细回想，唐云先生很器重徐定戡先生，唐先生在我面前不止一次提起徐先生来，并问起他的诗集，我就到徐先生家索取，可是，大公子出生的徐定戡先生满不在乎的，只在扉页上留了电话号码，并未有任何称谓之语，唐先生性情敏锐，对我说："代我问候徐定戡先生。"

唐先生很想与徐先生相见，但那时，江苏路大维修，路面被挖得崎岖不平，所以，也一直未能如愿。

五、古吴轩《唐云画集》与《石涛画集》

记得1993年夏天，我告诉唐先生：苏州古吴轩出版了一本《唐云画集》，他回说自己还不知道，让我取来看看；过了几天，我带去两本画册，先递上古吴轩的画册，他快速翻阅一遍说："里面有几张画选得不够好，不能代表水平，不算数的……"我笑道："唐先生，你对自己要求太高了！"当翻阅到画册后面时，许多画上都有巧娟、李健的名字，我好奇地问："唐先生，巧娟、李健是谁？我看张大壮的画册里也多有他们的名字，你给他们画得真多啊！"唐先生听后只简单地回答我一句话："我们是朋友。"临近中午，我将要离开，匆匆请他在画册里签名，唐先生看着我问："用钢笔可以吗？"我学着他往常的样子答道："随便。"他就在空隙处题写："一九九三年新秋，唐云。"不曾想，这竟然是唐先生最后一次为我题字。

还有一本就是《石涛画集》，唐先生看得很仔细，我乘兴追问："石涛的老师是谁？"他冲我道："石涛是没有老师的。"停了一会儿，他又说："除了石涛，还有黑涛也画得不错。"他用手指着画册中的一幅画说："喏，这就是黑涛画的……"可惜，直到今天，我都没有搞懂黑涛是谁！

他让我将这本《石涛画册》留下，准备闲暇时慢慢赏阅。但数月以后，唐先生就去世了，我也没有将这本画册再取回来……

六、最后的唐云

1993年中秋，一天午后，我去苏渊雷先生家，刚进得门来，傅韵碧师母迎面说道："唐先生故世了！今天早晨，逸览来过，请苏先生写了挽联。"听到这里，我一下跌坐在椅子上，愣了片刻，才慢慢道："真难过！真难过！"苏先生是乐天派，靠近安慰说："够了，够了。"我抬起头问："苏先生，怎么能这样说话？"苏先生补充说："比起钱瘦铁、江寒汀够了。"我立刻站了起来说："你比唐先生还大几岁呢！"苏先生笑着解释说："我不一样的……"

1993年10月15日，唐云先生追悼会那个上午，时由蒙蒙细雨变成中雨，仿佛天也流泪，我与边政平先生的女儿边含光女士相约而至，手里各持一枝鲜花，唐先生还戴着宽边的眼镜，魁伟的身体静静地躺在那里，我们默默向前，奉上鲜花，随着人流走了过去，边先生的女儿突然提议："再看唐先生一眼吧！"于是又各持鲜花，再次奉上，我的心情倍感低沉，侧眼一看，边先生的女儿不知何时起，已泪流满面，对面正遇见唐先生的长女涤览，相互示意，边先生的女儿又用手一指我说："这是唐先生的学生。"涤览女士含着眼泪，点点头说："见到过。"

记得那天韩天衡先生主其事，刘旦宅先生在人陪同下经过，翁闿运先生拄杖而过，有唐先生老友为此大恸……

第二天，《新民晚报》刊载苏渊雷先生的挽联，题为：国画大师唐云仙逝，挽以长联兼及旧游诸子：

中夏画坛逸概：数雪个、清湘、新罗、冬心、老缶、萍堂以下，莫不强调个性，独标风格。君能刻意追摹，别开生面，遂得渐近自然，恰到好处，允推当代高手。

平居朋辈俊游：算瘦铁、湖帆、寒汀、二门、白蕉、野苹称最，相将摩挲金石，敦悦诗书。志在发扬传统，出奇制胜，庶几乐育英才，复兴艺苑，竞为祖国争光。

苏渊雷先生怀念故友情深，还有"大石居士仙逝，兼忆瘦铁、寒汀诸子"七律诗：

赌曲论文四十年，无边风月落吟笺。
故人宿草情犹昨，艺术千秋梦屡牵。
寒甚谁怜修竹倚，愁来只傍酒船眠。
应刘并世匆匆去，地下衔杯倘见妍。

苏先生在诗中回忆与昔日友人谈画论诗、文酒相会的场景，至此，苏先生与唐先生已有四十多年的情谊。据他们的友人符骥良先生回忆说："苏渊雷和唐云两位先生，如按古人的观念来衡量，几可为刎颈之交。"

日后，我每每忆及往昔观唐先生作画，谈论石涛、谈论诗文之旧事，感慨良多，也成一对联表示怀念：

画笔千秋，清湘月下真名士；
文心几度，大石斋前小学生。

前四字是借用晚清吴昌硕悼任伯年的诗句，我受唐云先生启发，都深爱清湘老人石涛的画艺，唐先生生前名士风度，故又有下句；我写了几篇回忆唐先生的文章，故末句转用元代黄公望回忆大画家赵孟頫的典故。

七、叶潞渊先生对唐云先生的最后评语

叶潞渊先生是大篆刻家，同时也擅长花卉画，常见的如紫藤、枇杷、寿桃等。兼有清初恽南田、华新罗两家风韵，某些方面，与唐云先生有同好。他和唐云先生的共同点是创作认真，有很强的精品意识，不满意的作品绝不给人。

有一次，唐先生笑着闲谈道："我的画桌是没法理干净的。"他知道我与叶潞渊先生熟悉，接着又补充说，"叶潞渊的桌子也理不干净的。"

1993年底，我去看望叶潞渊先生，记得他那时身体也不好，虽说是在家里，但手臂上还插着输液管。

叶先生感叹地对我说："唐云的画路很宽，什么都能。"接着，他的话令我惊心动魄，"齐白石的画不见得都了不起，好的种类没有唐云的多；唐云的兰、竹画，近现代无人可比"……

友人撰写文章说：张大千盛赞唐云的兰竹画，甚至表示有不及之意。但我从来没有亲耳听到唐先生讲起这样的话，我知道唐先生平时一派名士风度，有些自负，而论起画来严肃认真，甚至谦虚。

八、郑重《杭人唐云》

唐先生生前，我并未读过他的传记，对他过去的许多事还不知晓。记得1992年夏，郑重撰写的《杭人唐云》，由上海文艺出版社出版了，但此书真正面世是在1993年春天，书市中一时竟然脱销，我几次询问，想借来先读为快，但唐先生说自己只有两本书，在女儿那边，手里也没有。

唐先生故世后，有一天，我径自来到郑重先生位于四平路的家里，述说自己买不到这本书，很想拜读，郑先生听后很爽快地送了我一本，青灰色的封面，设计简朴大方，底下隐约印着一把井栏式曼生茶壶。高兴之余，我请他签名留念，不想，郑先生顺手取出一支红色圆珠笔，但内容还是很客气的："正平先生教正，郑重，一九九三年十一月。"当时，郑先生的家是老公房，装修简朴，并不宽敞，几间屋子里都挂满了画，我请求欣赏欣赏，他就带领我进去转转，除了唐先生的画，印象中最多的就是谢稚柳先生的画……

初冬的夜晚，空气异常清新，我手捧这本当代名人传记，拥衾细读，会心处还用水笔划出，回想唐先生对我说过的一些话，作简短的记录。我至今都认为：郑重先生的《杭人唐云》，是他写的众多传记中最出色的一本。

结语

我有幸接近众多文坛前辈、著名画家，可以说，唐云先生兴趣最广泛，知识渊博。现在想来，唐云先生当初对我说的许多内容，意犹未尽：昔日，他也曾对我说："喝茶去"，其实，那是唐代陆羽《茶经》中的含义，我当时茫然不知其意，唐先生默然不再言语。我至今还深深记得他表扬我的话："画得不错！"他对我讲的最后一句话是"下次来"，有许多方面的知识，我很想探索其究竟，恨不能起唐先生于九泉……

今年11月18日，秋末冬初，逸览世先生的画展开得很成功，他有很好的家学渊源，得唐云先生嫡传，用笔圆润厚实，设色鲜明，我细细赏读那本印制精美的画集，足以显现他的笔墨功力。唐朝大酒店的夜晚盛宴，当代名流云集，也足以成为一时之佳话。行文至此，我也赋一首小诗表示祝贺：

雪个清湘世所珍，
冬心秋岳俱传神。
纵横逸览唐家样，
大石斋前是锦春。

最后，我愿以这篇回忆文章纪念可敬的前辈艺术家们，并与当今画坛同道共勉励!

时2010年盛夏，唐云先生百年诞辰之际，正平周宓草稿；
2011年11月，唐逸览世先生画展后定稿。

古书画国宝鉴定家徐邦达

著名古书画鉴定家徐邦达（1911—2012），字孚尹，号李庵，心远生，晚号蠖叟，祖籍浙江海宁，生于上海，故宫博物院研究员、国家文物鉴定委员会常务委员，是享誉海内外的书画鉴定家和著名的书画家。

一、早年师承

其父徐尧臣，在上海是家境殷实的大绸缎商人，雅好文艺，富收藏。

徐邦达是家中八个子女里唯一的男孩，自幼深受父亲熏陶。据日后回忆（2003年“徐邦达访谈录——平生所好是书画”）：

十四岁时，最初从苏州籍老画师李涛（号李醉石）学画，李醉石先生主要继承了清初以来娄东画派的山水画，“他教人画画是开稿的——一棵树，一个点怎么个画法……他有一套正式的教导方法。”当时学画，主要就是临摹。

徐邦达有一个表兄，喜欢写字，拜赵叔孺为师，后来，把他带去，也入了赵门。徐邦达说自己“还有个老师是赵叔孺，他教我搞鉴定”。“我主要是鉴定书画，别的我不懂。”“金石我不会。赵老师是搞印的，印我也不会。”

徐邦达最大的兴趣“就是喜欢搞鉴定”，其次临摹，“各种各样的画派都摹的”“创作是不太喜欢的”。

如今能见到当时的画有：他十八岁时临摹的奚冈《松溪高逸图》，现存加拿大；二十四岁时临摹的张中《芙蓉鸳鸯图》，现存新加坡，皆是两家博物馆的珍品。

关于徐邦达与吴湖帆的师生关系，也有一段回忆：

徐邦达认为："我们本来是老朋友啊，我们的年龄差得不太多。后来，他找人带信儿给我，他希望我拜他做老师。他要我，我不好意思。实际上我跟他相交已很久了。他最早的弟子是王己千，就一个人，后来才大批收徒弟。""后来许多人我连名字都不知道！"……

"后来，吴湖帆向刘海粟介绍我时说我是他的徒弟。他那样，我就算马马虎虎地默认了。"

此后数十年，徐邦达主要集中精力鉴定古书画，并不涉及金石，再后来也很少动笔创作，直到20世纪八九十年代，他才重拾画笔。

二、国宝鉴定

20世纪30年代，故宫重要文物南迁，途经上海停留，徐邦达在库房里发现，乾隆皇帝从扬州大收藏家安仪周那里买来的"子明隐君卷"《富春山居图》，有数十处御笔亲题，实为赝品；从琉璃厂买进宫廷的"无用师卷"《富春山居图》，才是黄公望的真迹。徐邦达看了这两幅黄公望《富春山居图》长卷，经过仔细考证，推翻了以往的错误结论，还名迹以真实面目。

1937年，徐邦达协助上海市博物馆，办理"上海市文献展览"中的古书画征集、检选、陈列工作，并接受叶恭绰嘱托，撰写《古书画提要目录》。

1946年，徐邦达入中华美术会，任上海市分会理事，同时受聘为重建上海美术馆的筹委会顾问。

1947年，在上海中国画苑举办个人画展。

1949年，徐邦达被聘为上海市文管会顾问。

1950年，经国家文物局主要负责人郑振铎局长安排，张珩（张葱玉1914—1963）和徐邦达从上海调至北京中央文化部文物局（今国家文物局）文物处工作。张葱玉任文物处副处长兼文物出版社副社长，徐邦达任文物处业务秘书。

关于徐邦达发现和保护珍贵的古书画文物，兹举数例：

1950年冬，在河北保定莲池书院文化馆内，发现郭熙的巨幅画《窠石平远图》，现藏北京故宫博物院。

1953年，徐邦达发现了溥仪流散于东北大栗子沟的赵孟頫《水村图》线索，最终由国家购回，现藏北京故宫博物院……

中华人民共和国成立之初，故宫博物院所藏文物只有昔日紫禁城藏品的十分之一。为了尽快恢复和丰富故宫博物院绘画馆的藏品，1953年，徐邦达从文物局转至故宫博物院从事古代书画鉴定研究工作。经鉴定，以各地征集和收购到的3 500件（另一说3 700件）珍贵古书画作品为基础，重建故宫博物院书画馆。

“文化大革命”期间，徐邦达总结多年的经验与体会，写成了他的第一部著作《古书画鉴定概论》初稿。

“文化大革命”结束后，徐邦达重返故宫博物院，还是为国家鉴定和征集古书画作品。徐邦达等人寻访了全国80%以上的省、市、区的博物馆、文管会、文物商店，对所藏古书画进行综合考察。徐邦达的鉴定，包含全国各大博物馆藏古字画的一级品，以及故宫博物院所藏古字画的一、二、三级品和参考品。

1978年始，徐邦达应国家文物局之邀，参加全国书画文物鉴定专家组，为各地博物馆鉴定珍贵文物，并培养后学。

1980年以后，徐邦达多次出访美国、澳大利亚、加拿大等国，考察流失海外的中国古书画。

徐邦达晚年，在古书画方面仍有重大发现：

1978年，徐邦达考察青岛博物馆时，在未清理好的古书画中，鉴定发现了唐摹白麻纸本《怀素食鱼帖》手卷，重新装裱。（此卷原为潍坊丁家旧藏，落实政策以后又归还。）

1980年，徐邦达在云南博物馆一大批参考品中发现黄公望画的《王子猷剡溪访戴图》，如今为该馆的镇馆之宝。

1982年，徐邦达在太原市山西省文物商店残破的故纸堆中发现王渊的《桃竹锦鸡图》，现已列为山西省博物馆特级藏品……

1996年秋，石涛的《高呼与可图》5米多长卷将在北京嘉德拍卖，经徐邦达四处游说，李瑞环批准，故宫博物院以重金购入这一珍品。

2003年，北京嘉德拍卖公司征得古代章草名迹《出师颂》。长卷题跋中，宋代米友仁鉴定为“隋贤书”。自唐代以来，该章草书《出师颂》流传有序。1922年，溥仪将其赐予溥杰，自此散于民间，后不知踪迹。徐邦达这次又从故纸堆中慧眼发现，并说：“《出师颂》好得不得了，定为隋写。”“原来《石渠宝笈》已经改为隋人了，不称是索靖写的了。”鉴定为《隋无名氏〈出师颂〉》，经多方努力，故宫博物院以巨资购入。

如今，石涛《高呼与可图》长卷、隋贤书《出师颂》长卷成了故宫博物院的重要馆藏。

徐邦达是传统鉴定古书画方法的集大成者，能将文献考据与实物图像有机结合起来，每每说："鉴定是科学，要实事求是。"认为文物鉴定是技术和个人品格的综合考验，可以说，他本人就是国宝！

三、思乡之情

1993年9月初，笔者与家人去北京，顺便想拜访几位老前辈，行前，钱定一先生为我写了介绍信给徐邦达先生，并向徐子鹤先生取得地址。

记得徐邦达先生刚迁至工体北里新居，我曾两次登门拜访，滕芳夫人得知我是从上海来的，没多言语，很快就有事外出了。

徐邦达先生长得细高个，举止很和缓，就像是书生，感觉并不善于言辞，谈起书画来却兴致不绝。

我主动说起他的《古书画鉴定概论》等书，徐先生很谦虚，说出版物有很多错字，还需要改进。

我取出自己的几幅山水画请他指教，徐先生说："运笔、水墨、淡彩都好的，青绿设色方面，还需要多探索……"

我知道他年轻时与叶潞渊同出赵叔孺先生门下，便谈起叶先生来，奉上为他

徐邦达书斋

刻的仿汉白文印："徐邦达印信"，徐先生显得很开心，关照我一定要代为问候叶先生。

我们有时候用上海话交谈，屋里有一位年岁较长的阿姨，长得很瘦小，做着杂务，她偶尔插话说："徐先生在北京，没有人与他说南方话，所以，今天特别高兴！"

徐先生又伸出四个手指比画着，感慨地说：自己"离开上海已经四十年了，很想再回来！"……（许多年后，笔者在一些资料中看到，徐邦达先生祖籍浙江海宁，生于上海，他曾多次表示："我是海宁人，同时我也是上海人"）。这么多年过去了，还有着深厚的思乡之情。

徐邦达先生的画案上正巧有长条幅的宣纸，他背靠墙坐定，左侧是采光玻璃窗，随手翻阅唐诗集，用毛笔很认真地抄录其中一首，给我作为留念：

雨余芳草净沙尘，
水绿滩平一带春。
唯有啼鹃似留客，
桃花深处更无人。

落款："唐羊士谔绝句，奉为正平同志之属，一九九三年九月，徐邦达书于京寓。"

写完，他取出一个如名片盒般的小木盒子，告诉我里面放置了所有的书画用印，不出十方，也几乎见不

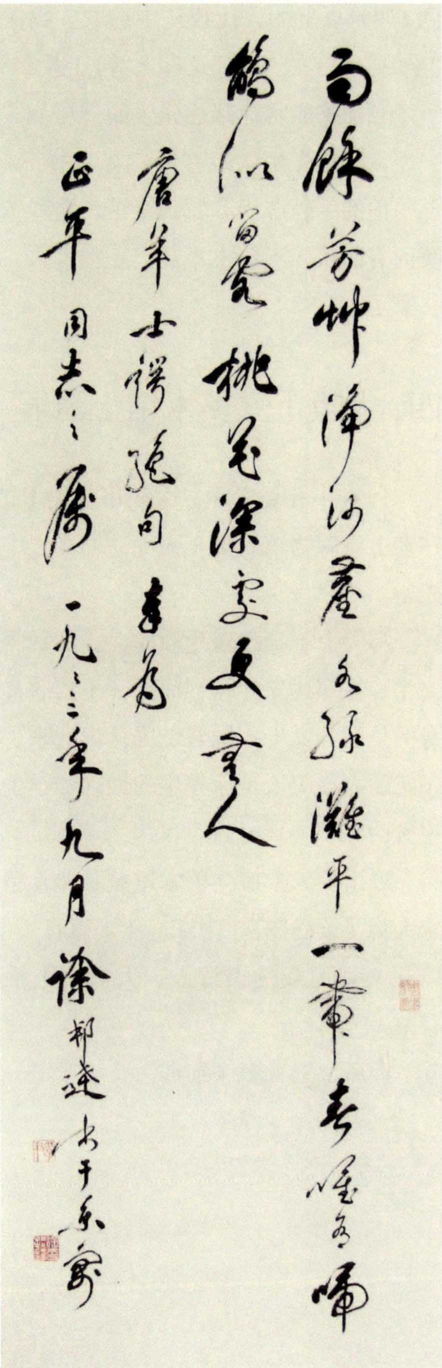

徐邦达书唐诗

到2厘米以上的，让我从中选取。我仔细欣赏，最后选定陈巨来刻的两方，朱文“孚尹”，白文“徐邦达印”，钤于款字的左侧。

顺便来欣赏徐邦达先生的书法：

徐邦达先生认为：“诗、文、书、画，在中国都是相通的。”

他的字，源于苏轼、米芾，略参董其昌意韵，行书中带草法，圆润委婉、舒缓而有起伏，不弱也不霸，正如其人，沉稳自若，具有深厚的修养，也可谓自成一家了。

四、大阪市立美术馆上海展

1994年春夏之际，大阪市立美术馆、上海博物馆藏中国古书画，选其精华，在老上海博物馆一楼东大厅，即今之中汇大厦联展。那是我最后一次见到徐邦达先生。

那天上午，我来到展厅，正细赏两地珍贵的古书画展品，抬头一看，徐子鹤先生、徐邦达先生相约而至，不禁欣喜，知道有了很好的学习机会。徐邦达先生身旁是滕芳女士，她看上去认出我来了，没能多说话，一边围绕着许多像我这般年纪的人，应该是徐先生的助理和学生，拿着本子，做着笔记，彼此京腔京调地说着话。

展出的大阪市立美术馆藏品非常精彩，有举世唯一的北宋李成、王晓合作山水人物《读碑图》，南宋末年郑思肖《墨兰图》，当看到唐代绢本《伏生授经图》，以往文献记载是大诗人、大画家王维所作，而这次徐邦达先生认为与梁令瓒有关……

此后，笔者多次细赏，又与钱定一先生观看了展览。

2021年12月24日平安夜定稿

程十发的早年生活和工作

油画家曹有成先生，20世纪40年代末50年代初，先后就读于苏州美专和杭州国立艺专（现中国美院），为大画家颜文樑先生的弟子。1952年被分配到华东人民美术出版社（后更名上海人民美术出版社）工作。如今，他与笔者都是上海市民盟书画院的画师，又都有在上海大学工作的经历，故相识相知。曹先生尝向笔者叙述与著名画家程十发先生早年一起生活和工作的经历，具体细节鲜为人知，写来可以作为当代画史实录。

一、与程十发邻居

据曹有成先生回忆：先前，程十发先生家住兴国路，环境幽雅，但房租昂贵，其夫人张金锜有神经衰弱症，晚上睡眠不好，不能参加工作，养育三个孩子，还用一个保姆相帮，所以，家庭经济负担繁重。

约1955年，程十发与曹有成作为美术出版社的同事，一起租住哥伦比亚路26号甲栋（此弄堂也称为哥伦比亚弄，有甲、乙、丙三栋，今名新华路211弄26号甲“新华别墅”）。

这些建筑物是欧式小洋房式样，前方花园绿草，种植法国梧桐树，还有漆着黑色柏油的竹篱笆墙，著名清代官员薛福成的后人也住在弄内。若说到周边的环境，可以凯旋路为界线，西侧属于农田，东侧就是市区，每年夏夜，人们渐渐入睡的时候，静听蛙声一片，真是幽雅宜居之所在！

程十发便对曹有成说：“住这儿很好！”

曹有成想到夫人就在附近的上海市第六医院分院（今胸科医院）工作，也欣然同意了。

程家租住宽敞的底楼，夫妇子女相处和睦，程十发先生从每月100多元的工资中支付约40元的房租。

曹家租住二楼，房租每月26元。三楼是较小的亭子间。

曹有成说：自己当时每月有58元工资，每年稿费800多元，另有夫人每月40多元工资，一家人生活还算不错的。

曹有成先生回忆说：程十发先生全身心投入绘画，甚至可以说是到了废寝忘食的地步，他窗内的灯光经常是通宵达旦的。曹有成曾亲眼看着程十发画《列宁的故事》连环画册……

约1957年，曹有成对国画也有了兴趣，程十发便劝导他多学习古画，隔日，取明代大画家沈石田的长卷来借其临摹，曹有成将此画卷细赏两月有余，可见十发之胸襟！

大约经过了三到四年的时间，程十发先生举家迁入延庆路141号，此楼原为上海人民美术出版社的连环画工作室，后辟为家属居住处。一楼为半地下室，二楼为程十发、韩和平住家，三楼为王仲清、罗盘住家。以后，仅王仲清一人未搬迁，终老此楼。

二、与程十发共事（回忆上海人民美术出版社的早期画家）

程十发早年画

1952年9月，华东人民美术出版社（1955年更名上海人民美术出版社）第一任社长为吕蒙。成立大会时，程十发、丁浩坐在曹有成身后，还主动与曹攀谈。

1956—1957年间，上海人民美术出版社（以下简称“人美”）的办公室具体安置在铜仁路（北京西路交界处），也就是原《申报》创始人史量才馆长的住家，室内有半人多高的红木护墙板，大理石地面，外有游泳池、绿色围墙，环境好极了！

程十发与版画家杨可扬相处特好，故编制定在人美宣传画创作室，具体同事的画家有俞云阶、丁浩、哈琼文、陶谋基、钱大昕、翁逸之、游龙姑（女）、程十发、蔡振华、曹有成、张隆基、杨文秀（女），室主任是杨可扬。

有趣的是，程十发的编制虽然在宣传画创作室（不在连环画创作室），但他从来不画宣传画，只画连环画。

与程十发共事关系较好的人员，以年龄顺序依次为丁浩（最年长，程十发年次之）、顾炳鑫、罗盘、曹有成（比年龄最长者约少十二岁）、最幼小的姚有信。程十发与朋友言谈时好像有点口吃，但口才很好，也善与人交往，为人处世有气量。

昔日，顾炳鑫、罗盘、曹有成、姚有信皆喜欢在清晨进行体育锻炼，但程十发极少参加。

回想起来，“人美”众多画家中，王仲清是第一个去云南西双版纳采风之人，程十发是在他以后才去的。

三、程十发的艺术观

曹有成回忆：作为一个画家，程十发不仅仅以造型能力见长，他还多次强

程十发《瓶花》

程十发《苏武牧羊》

调，画家应该“扬长避短”“作画要有趣味性”。

程十发先生作画时所产生的线条极富于变化，用笔干湿浓淡，皆趣味生动。他不单纯依靠造型的准确性，还比前人更有生活、时代的新意。

曹有成体会：作为教师，自己和顾炳鑫作画太追求具体造型的准确性了，过于讲求形体比例、质感，考虑面面俱到，反而忽视了画面的整体效果，此正是画家弊病。而程十发先生有与常人不一样的艺术观念。

作为一个国画家，程十发先生并不墨守成规，他购买了大量可供参考的西洋画册。

除此，程十发先生还具有多方面与绘画相关的艺术修养，如对古典文学、文物考据深有研究，并对京、昆戏剧，摄影等大有兴趣……

他喜欢画《聊斋志异》《儒林外史》等古典名著插图。

他去西双版纳采风归来后创作的人物风情画，可以说是将现实生活与理想绘画的完美结合。

时2011年12月冬日，正平周宓访谈笔记，

2012年仲夏，定稿于上海大学艺术中心。

探寻程十发的绘画艺术

2007年7月，酷热难耐，人们的情绪好像也要比往年沉重些。突如其来一个不幸的消息：程十发先生永远离去了。这真是当今画坛最大的损失。

人们很快在各报端、电视上表示对他的怀念。我忽然醒悟：原来程先生还有这么好的人缘。他的感染力，不仅仅表现在绘画艺术方面，还表现为他的人格精神。让我们从内心回忆这位画坛宗师吧！

许多年前，位于岳阳路的上海中国画院还是一幢木质地板的小洋楼，底层既是展览场所，又是临时课堂、会议厅，二、三层是资料室和画师们的创作室。

程十发自画像

20世纪80年代始，书画教育如同其他学科一样，百废待兴。1985—1987年，上海中国画院首次举办美术进修班，共有六个班级，指导老师分别为程十发、唐云、方增先、胡若思、胡问遂、韩天衡诸先生，总负责人为张桂铭先生。

还记得程十发先生新任院长，戴着宽边近视眼镜，很从容、和蔼的样子，同学们知道他是当代大画家，油然产生崇敬之心。对于他的画，我早有所见，但说实在的，凭我当初仅是一个二十岁刚出头的学生，并不能真正理解，想想造物主如果能以中年人的成熟赋予青年人的思绪，那该是多好的事啊！

现在，我对于程十发先生的绘画艺术，或许比以往多了一点理解，也多了一点认识：

一、行家画与文人画艺术的结合体

程十发先生早年从中国传统的山水画起步，进而涉及人物、动物、花卉画。他的画主要源于中国的民族土壤，他独特的造型能力，被公认为是一位内行画家。

然而，程十发先生的画中，也融入了浓厚的文化人韵味。

读《中国绘画史》可以知晓：自南宋以来，江、浙地区出现了大批文人画家。元代大画家黄公望就多次往来于苏、杭等地，那幅最著名的《富春山居图》，几乎可以说是在松江地区完成的。明代末年，松江又产生了一位杰出的大书画

程十发早年山水画

家——董其昌。

程十发正是在这样的文化氛围中成长起来的。

他曾自刻一方朱文收藏印记："供养白阳、青藤、老莲、新罗、清湘、吉金、八大、两峰之屋。"表明在他的心目中，这些明清以来的文人画杰作，同时也是他真正的艺术源泉。

程十发先生的画，能脱离匠气、远避俗气。

他有时根据自己所喜爱的宋词意境创作成一幅画，然后在空白处填写那些句子；他的字以张旭、怀素以来的大草体结合两汉简牍隶书，使画面的线条与书法融为一体，古雅生色，相得益彰。

他创作时，用笔跌宕起伏，注重内心激情的抒发，画面的虚实变化。他往往不假草稿，从传统的文人画出发，擅长运用水墨在生宣纸上的效果，每每将墨色化为具体的山水、人、物形象，将大泼墨以细线条组合起来，渗入大红大紫的色块，形成强烈的对比感和节奏感。

二、开创当代人物画造型的新面目

读小学时，我有一本《中国古代寓言故事》，常取出来翻阅。究其缘由，就是里面的插图很精彩，人物的造型很概括，多以流动的粗细线条组成，略显夸张。邻人见我喜欢，就告诉说，这书上的图是程十发画的。

关于程十发先生的插图，我印象中最深刻的，当然是《阿Q正传108图》了。他在鲁迅小说的基础上，很好地再现了某一特定时期中国复杂的人性。他富于变化的线描，成功地展现了短衣人物的造型，可以说是填补了古代人物画的空缺。

确切地说，程十发先生在人物画方面最大的开拓，应该是描绘少数民族的女性。

古往今来，中国的人物画，最常见的表现方式还是长裙飘逸的形态。然而，进入20世纪，由于受西方文化的强烈冲击，中国的习俗、服饰等产生了翻天覆地的变更，旧式长袍从人们的生活中消失殆尽，而一味地画短衣人物又不符合千百年来的审美情趣。如何处理这种矛盾呢？

自20世纪50年代始，程十发进入云南等地写生创作，走出了一条人物画的崭新道路。他笔下的女性，摒弃了旧式闺阁小姐的病态，展现出来的是可爱的小牧童、健康的村姑，脸蛋圆圆的，面色红润；少数民族修长的衣裙，又与古代仕女服饰连贯起来，在形制和色彩上更显得丰富、灿烂，这种造型方式符合20世纪中期以来中国社会特定的审美观念。

有道是“文如其人”，对于一位画家来说，作品也是其自身思想、心灵的写照。程十发先生笔下的当代女性，有傣族、苗族、景颇族、布依族……源于生活，真实、漂亮，给人产生耳目一新的视觉效果。

程十发《南枝第一花》

程十发少数民族风情画

三、一代画坛宗师

程十发先生不仅擅长绘事，也极为注重学识修养。

我曾见到他给习画者一张便条，内容为 :“美术史、宋词、书法。” 其实也代表了他个人主张不断进步的总体目标。

唐代大诗人杜甫说："不薄今人爱古人"，此后，这句话往往在许多场合被引用。诚然，祖先确实了不起，我们心目中牢记的，都是经过历史严格筛选的杰出人物。

然而，程十发先生对这句话的理解稍有不同。程十发先生主张画家创作时要轻松愉悦，不能拘泥于前人的笔墨技艺，要化古法为今人所用，大有今胜于昔的艺术追求。他自喻当代海派画家之一员，其成就却从许多方面远胜于晚清时代的海派艺术家，他的绘画造型能力是赵之谦、吴昌硕、虚谷等人望尘莫及的，他运笔简洁概括、熟练中能见生拙，也使任伯年等画家徒显匠气，他在绘画以外学养深厚，其思想之深刻，更奠定了作为当代画坛宗师的地位。

程十发《故乡月明》

时2007年7月大暑灯下

苏渊雷诗书画怡情的晚年生活

大约自20世纪80年代初，苏渊雷先生住在华东师范大学一村底楼的房屋内，尽管早年、中年的生活有很大波折，据我知晓，他的晚年是幸福的，这与他乐观的天性相关联。

苏先生身材并不高大，脸型方正、端庄，长着一头银发，真所谓鹤发童颜、返璞归真。苏先生话语中带着一点浙南口音，若读起诗文来就更明显了，声调较细。他的性格用“随和”两个字来形容最为确切，也许很多真正有大学问的人，摆出的架势反而比常人小了，其实内心是孤傲的，正体现出名士风度，我想苏先生也是这样的。

家里经常就他们老夫妇俩，和子女们分门而居住，傅韵碧师母年少先生六岁，性爽直，或许在哈尔滨生活了多年，说着一口北方语调，某次闲谈，她诉说祖籍是宁波地方的，使我很为惊讶。从师母的话中，并未听到对东北生活有多少抱怨，两位长者都是很和善的。

钵水斋主人苏渊雷

苏先生平素好客，善饮。

与苏先生熟识后，有时日近中午前去，他携手一同入座，斟上小盅白酒，让我陪伴助兴。

苏先生每天要喝两餐酒，却不过量，曾夸自己喝酒从不糊涂，适可而止，我见过的都是这样。饮时若佐以细小的鱼和虾米，那是他感觉最可口的。他好饮在文坛是有名声的，有一次，我去江苏路走访诗人徐定戡，他说苏先生来过，谈诗甚欢，临近中午时分从衣袋里取出一小瓶酒嘬饮几口，这事日后成为笑谈。还有好多次，先生与众友人出游，赋诗题句，别人不善饮，他的杯里斟得满满的，但我确未见到他真有贪杯失态的时候。

我理解他最多的，是诗书画三方面。

苏渊雷先生的诗

我早知晓苏先生的诗文是很出色的，他年轻时就具有才学好的名声。记得曾与唐云先生闲谈，说起当代上海活着的诗人，我回答两个人写诗既快又好，就是苏渊雷和徐定戡。又问：喜欢哪一家？我回答说："苏先生的诗更为流畅，跌宕起伏，也新颖。"唐先生听后点头不语。

上海有许多前辈文化人，诗文书画各擅胜场，苏渊雷先生就是其中的佼佼者。

他赠送给我好多字和对联，多为自己的诗或集句，其字其内容都是我深深喜爱的，比如有："万物静观皆自得，一生爱好是天然。"那是与学习、处世之道相关联的，长期以来我张挂在家中。还有集西方名句成中国诗联，平仄声协调，如："阳光底下无奇事（所罗门），世界老去复青春（席勒）。"都是很有哲理的。春节时，他喜欢用红纸书写对联："天开图画江山好，春满乾坤岁月新。"那时我还年轻，有一年新春，他赠我一联为："春风开轶荡，鹰隼出云天。"上款为："正平老弟属正"，下款为："钵翁年八十六"。钤

苏渊雷手写对联

白、朱两印："苏渊雷，钵水斋。"

通常情况下，他的诗文题句，几乎不假思索，可以一挥而就。我曾将自己刻的印章粘贴成册，并请他题句。苏先生快速将印集翻阅一遍，闭上眼，摇晃了几下头，睁开眼，提毛笔在册页上写道："紫泥青简凭搜剔，汉瓦秦权好护将。"落款为："正平仁弟属，苏渊雷时年八十五。"那寓意是昔人定下的印内求印、印外求印准则的最好赞语，写罢还用细长的浙南音夹着普通话诵读一遍。唐云先生故世那年，我带着他绘的墨竹团扇前去，苏先生即刻在另一圆形的纸上题句："淇澳思君子，清风来故人。"把唐云先生和我都包含进去了，那种洒脱和含义是很值得回味的。

苏渊雷先生的书画

有道是：文如其人，字画也如其人。自清末民初以来，善书者如康有为、沈曾植、李叔同、李瑞清、柳诒徵等，都是大学问家，苏渊雷先生正是具有这样的文艺根基。

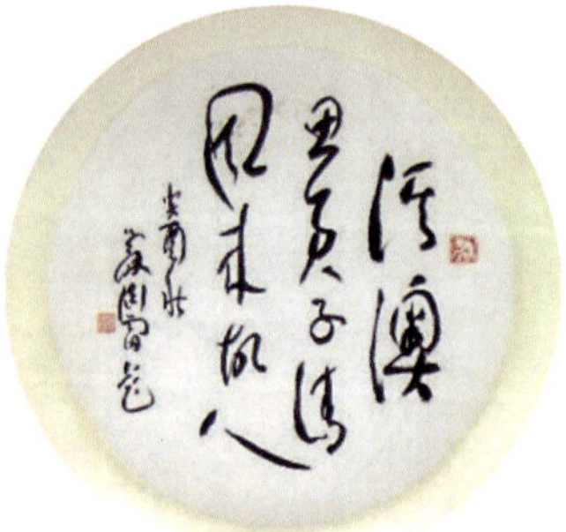

苏渊雷书、唐云画

我爱苏渊雷先生的字，是因为先生虽为一代文人，他的字却没有许多读书人过于循规蹈矩的通病，奔放、灵动，极富于艺术家的气质，别人是很难学像的。

当代上海前辈文艺家中，谢稚柳先生和苏渊雷先生的字是我深深敬佩的，既洒脱又有法度，相信这不仅仅是我个人的看法。

苏先生的字，近于大草，气势畅达，其字里行间于不经意中见法度，别有韵味。后来，多方面得知赵朴初先生对他的字也推崇备至，终于有一天，我亲自从他那里得到了证实：一次，苏先生嘱我制两方印，说是赵朴初先生要用的，一方是近椭圆的细朱文"茶寿"；另一方就是苏先生亲自手书的"开翁"两字。我询问后面的一方印章为什么不用篆字，苏先生这才说朴老喜爱他的草字，并告诉我说赵朴初在家族里为长房长孙，所以小时又名开孙，现在年长就取名为开翁。我将这方印镌刻成押字的形式，苏先生看了很满意，说："改天我做副对联，请朴老为你书写。"因为与苏先生太熟了，听后没放在心上，以为总有机会，现在他们都已故世了，也是一种遗憾吧！

苏先生知道我喜欢他的字。一天下午，在书斋里，他对我说："下细小雨的时候，你来。那时我写字的兴趣最好。"日后我多次与家人谈及此事说："苏先生真是诗人的性格。"

关于书法，苏先生自己写得最多的是那首论书诗："天际乌云坡老帖，时晴快雪右军书。江山胜概谁能说，恰好当行得意初。"

苏先生写字不择笔，狼毫、羊毫、新笔、旧笔皆可，有一种长锋的鸡毫笔，别人是不善用的，他写来却得心应手。有一次，苏先生酒后，诗兴也来了，心情也特好，端起杯来，兀自向书房走去，来到里间的大案桌前，蘸上墨，又看墨太浓了，笔舒展不开，就往砚中注入些酒，舔笔在手，一时纸上龙蛇竞舞。

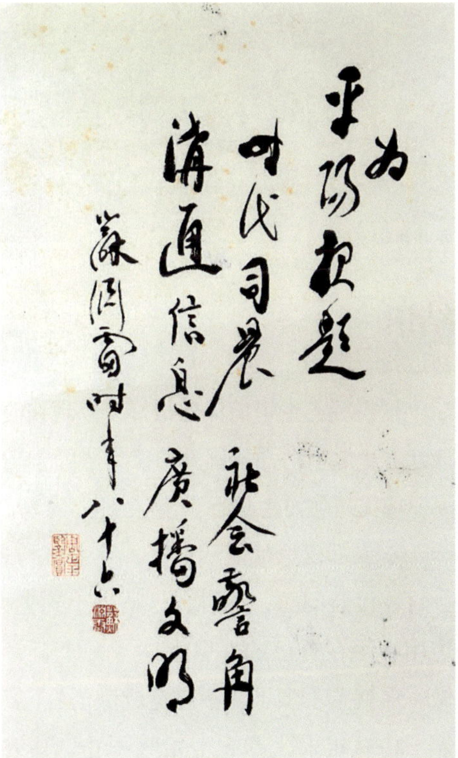

苏渊雷题平阳报

通常在侧时，裁纸、钤印是我辅助的。某次，苏先生见到我洗笔时，将笔竖直，顺着水龙头流出的细水轻轻地捏着笔肚，可能觉得过于仔细了，就将我带到卫生间，将马桶的抽水一扳，水一下冲泻出来，他说只要把毛笔头放在里面转几圈就可以了，我听后直摇头，差点笑出来。

苏先生偶作简笔画，自诩“文人画”，并引用张大千的话佐证：“文人画，半外行画。”关于这一点，我是不同意他的观点的，张大千指的是文人画的一部分。

苏先生的画，撕掉的很多，自己满意的少。后来我读他的书本，

苏渊雷山水画

知道他20年代末就会画了。苏先生常作的有梅花、虬松、野菊、芙蕖、蕙兰、竹枝、水仙等画种，很少有山水，更少晕染、设色。出笔有些率意，与他的字体一样，也是草草的，能抒发性灵的那种，属于文人写意式的，但笔墨圆活，加之以高超的文化修养，很耐人寻味，堪称当代文人画之代表。

苏先生文房中的用印，方介堪、钱瘦铁、韩登安、韩天衡刻得最多；其他如陈巨来、叶潞渊、方去疾、钱君匋等印，皆一时佳刻，出于当代名家之手。他晚年也曾数次嘱我镌刻，那方猴子的生肖图案和“花好月圆人健”闲章，常钤印在书画中，想其创作也较合他的心意吧！

结语

记得苏先生生前体质很好，以现在时髦的话来说，是心态好，心理健康。他曾谈起养生之道，并集佛教的《华严经》与《金刚经》语加以总结：“入于如来妙庄严海，应无所住而生其心。”解释说：为人、处事要达到自然的境界，不要郁结于心。

友人都议论他能活百岁，笔者曾与先生打趣谈起此事，苏先生自负地说：活一百岁没有问题，并讲自己从少小到老大，没有插针、吊盐水之类医疗，边说还边用右手在自己的左臂上做了一个打针的动作。接着又说：如果哪一天要这样做，那就差不多了。不想竟成谶语！

1994年末，苏先生始咳不止。1995年3月，入住同仁医院病房四楼，我曾数次前去探访，先生的人缘确实好，医生、护士们都喜欢他老小孩似的性格。过了一段日子，那病房便成了他一人专用的居室，布满了鲜花，他告诉我说多是医护人员赠送的，那气氛是活泼的，不太像是病房。闲暇时，他偶作字画，分赠友人，但那时我已不敢烦劳他动笔了。

有一次，他疲惫地对我说：自己进医院已有半年了！显得有些无奈。这时，我才突然觉得先生苍老了，心里有种说不出的感受。

1995年11月13日上午，苏先生病逝，自此，我失去了最为敬重的师长。11月25日于龙华举行追悼会，那天，去的人很多，玉佛寺方丈真禅法师亲致悼词，恰恰过了一个星期，真禅法师圆寂，岂非确有天人感应，在佛的国度里相互慰藉。

多年来，诸前辈先生的教育，使我受益匪浅。唐云、叶潞渊、苏渊雷先生故世，尽管都已享年八十有余，我内心还是很伤感的。在我的印象里，老一辈学者中，苏先生最为慈善、祥和。1995年春天，是他在自己门上贴的最后一对红色门联，我至今不忘，写的是："衔杯乐对不速客，入岁真成米寿翁。"很能代表他的性情：苏先生善饮、好客，于此可见；按中国人的习俗，八十八岁称为米寿，竟是先生最后一年。

苏先生自觉或不自觉地教诲我许多事。

苏先生的七言绝句，清新、流畅。我有一首《画菊花自题》诗，现在感觉其趣味深受他的影响：

霜菊经秋簇簇新，西风篱落自超尘。
陶公逸兴今安在？唯借笔颠作解人。

过去，我是不敢在他面前写诗的，为了纪念他，那年我写了一首挽诗，兹摘录如下：

苏子才情谁得似，右军气韵笔生辉。
秋风泪湿东篱下，吟赏烟霞醉未归。

在此诗中，我把苏先生比作苏东坡，他的书法如王羲之那样有生气和韵味，但是秋末冬初菊花开的时候，却是很令人伤感的，苏先生好像在外吟诗赏美景，喝醉了酒未能回来。友人见此诗颇称道，也是自认为较真切、得意之作了。

（2008年11月　正平周宓修订稿）

喻蘅的诗书画情怀

喻蘅

复旦大学的喻蘅教授已卧病两年有余，2012年之春，寒雨还是下个不停，突如其来的消息，他带着满腹的诗书经纶去世了，虽说，他也过了九十岁的高龄，但在我的心中，却不愿意接受这样的事实！

一、家学良师

喻蘅（1922—2012），生于江苏兴化书香名门，字若水，幼承家学，入私塾，在古典诗词方面天资聪慧。

他的父亲喻兆琦（1898—1941），字慕韩，又字剑峰，擅诗文，好郊游，颇富藏书，是东南大学第一届生物系毕业生，1928年，蔡元培执掌教育部时，考取官费，选送法国巴黎大学动物研究系，又转德国柏林授硕士，1933年归国，成了中国第一位虾类分类生物学家。

日后，父亲徙家北平（今北京），租借了一整套四合院，因此，喻蘅少年时代就受到良好的教育。他曾向笔者回忆这段美好的日子：骑着自行车，带着零花钱，就读于民国前任大总统徐世昌创办的“四存中学”（原校址在北平府右街中南海边，今已不存）。因成绩优秀，一年新春，得到徐世昌校长亲笔书赠的对联，内容是：“金樽竹叶迎年酒，晴雪梅花守岁诗”。

同时，他喜爱书画，在“四存中学”时，受到美术教师陈师曾的弟子陈小溪（号玄庵）启蒙。

然而，好时光似乎是短暂的，1937年7月，“卢沟桥事变”爆发后，全家只得迁回兴化。不久，战乱频起，避难途中，父亲竟病逝于乡间农舍……

1943年，喻蘅怀着一丝希望，报考中央大学（现为南京大学）艺术系“中国美术专业”。说来这故事还有点传奇性：由于战乱，学校停办，他未能读完高中就考大学了，待取到数学试卷细看，多半不能回答，不禁汗颜。然而，文思涌动，便提笔在卷上即兴写了一首七律诗：

失学于今已数年，灵椿摧折况烽烟。
几何代数知初等，尔佛拜他识半边。
梦想菁莪沾雨露，思随洙泗续歌弦。
明朝归怕逢人问，愧说孙山在我前。

诗写得很有意趣，主考、监考在一旁看了，劝他不要气馁，耐心答题……公榜时，出乎意料，他竟在众考生中名列第一。原来，那主考便是著名词家龙沐勋（榆生）先生，监考是艺术系花鸟画教授、诗人施则敬先生；他写在考卷上的诗，足以显现其才华，深得两位老师赏识。进校后，在龙榆生先生、施则敬先生的指导下，他的诗词、书画大有进步。

龙榆生先生教授《中国韵文史》课，以后，又将他转介绍给吕贞白先生，学《唐宋名家诗词》，这两位都是民国时代的大词家、大诗人。

二、复旦书画篆刻研究会

大约是1949年底，喻蘅先生经组织安排，跟随陈望道先生一起进入复旦大学工作，他很有才艺，一度为复旦大学校长办公室的主任秘书，与陈望道、苏步青校长多年共事。

喻蘅谈诗论画（摄于80年代）

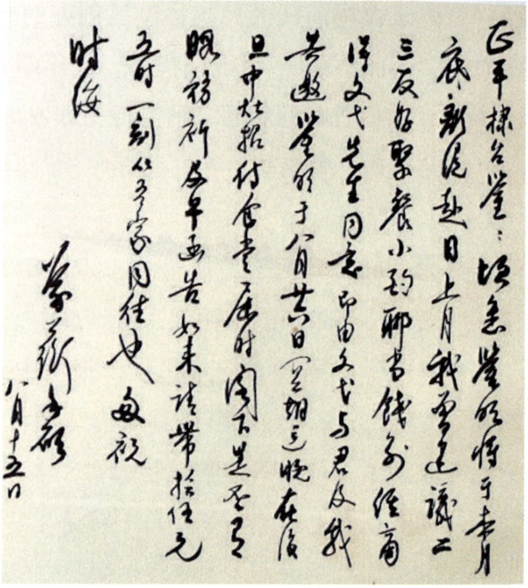

喻蘅信札

我得喻先生教诲，始于1980年下半年，迄今已有三十余载，三十年的美好时光，人生又有几多？

回想当时，复旦大学成立师生联合团体的书画篆刻研究会，学生方面的发起人首推中文系77级在读学长楼鉴明君，鉴明精擅书法，少时与大书家沈尹默先生比邻而居，幸得其传授；而教师方面真正的组织创建者就是喻蘅先生，由其总负责研究会的具体工作，并请德高望重、在书法上极有造诣的朱东润教授首任会长。

记得起初书画篆刻研究会的成员，有许多前辈大专家：书法方面推崇王蘧常、朱东润、周谷城、郭绍虞等先生，绘画方面推崇伍蠡甫先生，而吴剑岚、喻蘅先生可谓书画兼善者，不久，楼鉴明君也留校中文系任教。

校长苏步青教授虽说是大数学家，也精诗词，然不善书，早先，往往请喻蘅代书；两人同住在复旦第九宿舍区，时间久了，苏步青校长也试着写毛笔，尝逢人戏谓：喻蘅是自己的书法老师。

喻蘅先生对复旦书画篆刻研究会的发展真可谓尽心尽力！

每到新年，研究会成员就筹备迎春书画展，最有影响力的一次是1982年底在虹口公园举办的展览，喻蘅先生还组织学生遍请上海著名的书画家前来助兴。开幕式时，真是好热闹，记忆中，颜文樑先生已有九十高龄，尽管行动不方便，还是迈着小碎步前来，那一天，我初次见到唐云先生，翁闿运先生总是很健谈，王个簃先生拄着拐杖，身后跟随曹简楼、曹用平两位画家……

没过几天，在喻蘅先生和我们一些学生代表的陪同下，王个簃先生再次专程来到画展，对许多作品进行仔细点评，并即兴绘制两幅花卉画，作为赠送校方的礼物。

1983年，我与新闻系的裘正义同学共同负责复旦书画篆刻研究会学生方面的事务工作。经喻蘅先生争取，校方还拨给一间小屋作为活动场所，里面放置笔墨纸砚等文具。一次，喻先生亲切地对我说："闲暇时可来画画"……自此，我与他更熟悉了。我当时嗜画山水景物，并致力篆刻艺术，喻蘅先生早年虽说是学中国美术专业的，但为人谦和，没有门户之见，他并不反对我向叶潞渊、韩天衡等先生学习刻印。他总是赞扬我好学，对我给他和友人刻的印章加以赞赏。应该说，我对于水墨兰竹画的爱好和理解，起初即受他影响。日后，在古典诗词方面，我受喻蘅先生启发则更多。

1984年初夏，喻蘅先生身体不适，养病于无锡大箕山华东疗养院，偶而回沪，在校园中与我巧遇，得知我已毕业分配至上海大学，兴叹道："哎哟，没有把你留下，书画会又少了一个重要成员！"

1985—1987年，我去上海中国画院学习，复旦大学筹备艺术教研室，喻蘅先生行将退休，还积极设法想使我调回母校。有一天，他陪同复旦大学前任党委副书记邹剑秋先生来到我家，现在细想，我当时刚毕业不久，仅二十多岁，此举着实令人感动！

1987年新春，我画院学习完毕，程十发院长嘱咐我和一位女同学去家里。事后，我告知喻蘅先生，但他并不喜欢程十发的画，而此时我又无法真正理解程先生的画艺，日后竟少联系。

这时，国内正兴起出国留学热潮，楼君鉴明因公将赴日本，有意助我一同前往，故无心于调任之事。鉴明东渡前夕，喻蘅先生来信，嘱我与中文系周斌武教授共三人，于复旦校舍置酒为鉴明饯行。席间，师生相与把盏，互为祝福，欢若平生……

我旅日之事终未成行，鉴明作为出访学者东渡后大受彼邦人士重视，五年以后，鉴明操劳过度，竟病逝他乡，年仅四十一岁，鉴明的人格和才艺都是很出色的，岂非天夺斯人！

三、文坛知友陈从周

喻蘅先生在古典诗词和书画方面具有深厚的修养。自80年代中期，他尝介绍我结识众多文艺界的前辈，如画家乔木、朱子鹤，书法家翁闿运、张森，诗人周退密、田遨等人，但印象最深刻的就是同济大学园林建筑学家陈从周教授了。

我私下询问他最初是如何认识陈从周的，喻先生说："40年代，在南京中央大学，陈从周前来兼课，学着一口扬州话。"我不禁发笑，陈从周先生是绍兴人，从未听说过扬州话，这一点真是鲜为人知。

早先，陈从周毕业于之江大学，又为张大千入室弟子，画得一手好兰竹，长得瘦，个子不高，但知识广博，说话风趣，并擅小品文。在诗词方面，陈从周亦尝问业于吕贞白先生，然用功不济，自知逊于喻蘅。

陈从周娶妻蒋定，与内侄蒋启庭（字雨田）时相往来。

蒋雨田仅年少从周两岁，先祖有"衍芬草堂""西涧草堂"，位于浙江海盐南北湖之滨，为清代著名藏书世家。雨田平素喜诗文，工小楷，嗜好书画，于诗词极钦佩喻蘅先生。往昔，笔者与蒋雨田谈诗甚欢，暇时，雨田尝以诗作托我转请喻先生指点。

陈从周为喻蘅《艺文随笔》作序，曾言："竟夕读毕（其诗），感到警拔婉惬，思新韵雅，如清风送爽，一扫时下诗坛习见的馊气。"并谓，"喻词为词学大师龙榆生丈嫡传，诗由吕丈（贞白）亲自以江西派严谨的风规陶怡，俱见法乳滋养之功力。"又引当代诗评家陈兼与话：喻诗"咏新赋旧，彬彬可观，是可谓异才秀出于林表者也。"

故陈从周先生得意的画，也往往请喻蘅先生加以题咏，如，《题梓翁以古绢画新篁手卷以贻令嫒陈馨》：

仿佛更阑月上时，解衣磅礴写筠枝。
元龙豪气传家久，一卷潇湘付凤儿。

不似秋蛇入宝奁，却随新月落凤檐。
渭川千亩何堪问，输与君家数尺缣。

诗意绝佳，非寻常人能着笔。

鉴于此原因，古建筑学家陈从周还每每邀请他去各地园林题咏。

如，浙江富阳依绿园借山楼来音亭楹联：

一涧谷音飞冷翠，满楼山色借遥青。

从周先生尝于依绿园导泉入池，请京昆剧名演员梁谷音清唱；喻蘅先生此联集当代人文故事、自然景观于一体。

另，江苏如皋水绘园湘中阁楹联：

水绘春残，卖珠人去；染香梦杳，洗钵池空。

此联颇哀婉，也有典故可循。上联：水绘园原为明代末年四大公子之一冒辟疆故居，冒公子娶秦淮名妓董小宛，吴梅村赞小宛之美："夫笛步丽人，出卖珠之女弟"，"卖珠"引汉代董偃之典，指小宛身姿曼妙、歌声悦耳，更胜董偃之妹。下联：染香阁本是董小宛梳妆之楼，洗钵池为园中宋代遗迹，距今皆久远……

喻蘅与陈从周两位先生都是当今文人画家，皆喜画兰竹，且以水墨居多，行笔滋润，那是文人心灵的自我写照，他们彼此相互器重，有时也表现出读书人的清高。

四、谈诗论画真性情

此时，陈从周、蒋雨田、周退密、徐定戡、田遨、钱定一、苏渊雷等先生书画之用印，多为笔者镌刻，喻蘅先生赠诗称赞抒发自己的艺术观点：

磨石磨人志益坚，朱华斑剥夺春妍。
雕虫莫信玄亭诮，无限经纶方寸天。

奔崩腕底走雷霆，半黍千寻凿五丁。
追汉超秦明日事，何须苦铁傍门庭？

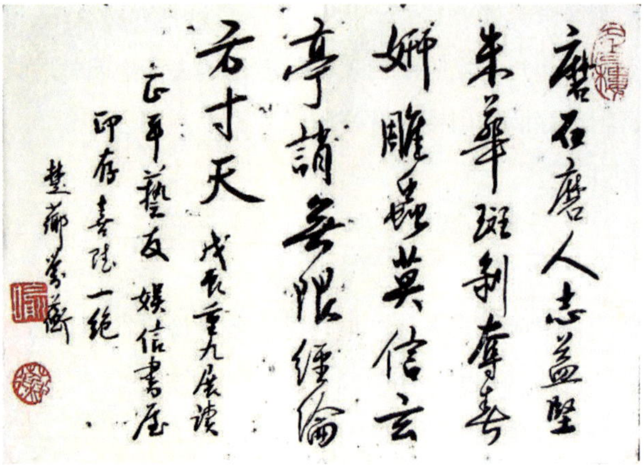

喻蘅诗

今日艺坛高壁樊，是非丹素总论难。
二王本是无臣法，皖浙何能定一尊？

闲暇时，他对我纵论文人画之技艺，并劝导我学习古诗词，列举分析《诗韵》《词谱》等用字典故。

我的妻子（当时的女友）正攻读于复旦世界经济系，每逢假期，必结伴旅游。归来我常有诗稿，曾检其部分奉教，如《游洞庭西山，调寄采桑子》：

桐花十里轻阴路，借得春风，宛似飞鸿，帆影迢迢见石公。
古来纵目登临处，明月坡东，人醉吴宫，留却湖山韵事同。

关于诗词，喻先生和我都主张格调清新、自然流畅，不喜用典晦涩。

初春，我们从杭州归来，喻先生笑引姜白石词句逗趣："长记曾携手处，千树压、西湖寒碧……"

他曾在我的水墨山水画上题写赞语："此幅颇具元明人风韵，意在云林、玄宰之间。"

有一次，他检出旧藏真州白沙朱氏《苹园印存》赠我，并即兴在上面题诗：

邺水朱华照眼新，丛残故纸是何人？
蟫鱼不蚀神仙字，付与周郎问夙因。

我敬佩他写的诗既快又好，喻先生谦虚地告诉我说：自己的老师吕贞白先生，写诗可以如留便条似的快捷！并对我回忆：年轻时，吕先生多次指导他写诗步杜甫《秋兴八首》诗韵，继而再和清代诗人王渔洋《秋柳》诗韵。

喻蘅先生曾使我前往位于延安中路明德里吕贞白先生的故居，接待我的是吕先生养女，墙上还挂着吕贞白、罗惠莪夫妇的肖像，我抬头仰视，心里充满崇敬。吕贞白与大画家吴湖帆十七岁就定交了，“文化大革命”中，吴湖帆重病卧床，最后一张字条，便是写给吕贞白的。吕先生有数十方印章出自易孺之手，易孺号大庵，擅篆刻，曾为国民党党歌作词。在艰难的日子里，为维持生计，吕先生除留存少数自用印外，变卖了易大庵四十多方印章，并几乎焚毁了数十年来所有的通讯信件。往昔，友人来请他题诗，吕先生本不愿意，然而，一转身，诗兴来了，落笔便是数首……

许多年来，吕先生与喻先生的师生情感最为深厚！喻先生曾选定吕贞白先生历年诗稿成《吕伯子诗存》，并请蒋雨田恭楷抄录，由我转请潘景郑先生题签，他自己谦虚地作编后记，付梓前，又特使我前往苏州征询钱仲联教授的意见。

喻蘅先生也曾使我前往位于富民路龙榆生先生的故居。

闲暇时，他与我谈起诗来，细述李白擅写绝句，杜甫长于律诗。往日，我们都喜读龚自珍的《己亥杂诗》。

我新婚时，喻先生以我夫妻的笔名即兴赠送对联《贺周宓、刘娟新婚》：

宓枕多情思洛浦，娟篁入画咏淇园。

因为很熟悉，他在上联运用了曹子建《洛神赋》里的典故，下联赞誉我擅画修竹。

将近90年代，我经常去著名画家唐云先生家里，唐先生觉得我这般年纪，会画，能古典诗词，刮目相待。一天，我告诉喻先生：我曾想索取唐先生弃置地上的画稿。唐先生看着我说：“你要啊，下次给你画一张大的。”喻先生接口道：“哎，这老头子人蛮好的！”他在托我转给唐云的诗集上谦虚地写上：“大石词丈教正”……

2001年3月，喻蘅先生已八十高龄了，我像以往那样来到复旦九舍，喻蘅师见示近作《玖园春兴》诗五首：

绿靓红嫣春色鲜，晴风十日养花天。

今年都说春光好，积李崇桃各自妍。

剪彩吹香花满枝，海棠如绣绽胭脂。
熏风也有怜才意，特地轻盈缓缓吹。

千竿萧竹自欹斜，障雨屏风荫小花。
荐与何人作画本，不随娄尾竞芳华。

高树葱茏碧四围，小楼如梦对斜晖。
当年文苑传薪处，绿屋先生久不归。

萝屋萧萧昼掩门，含蕾桃竹侍晨昏。
畴人久示维摩疾，待庆期颐返玖园。

玖园，也曾经是陈望道校长、苏步青校长的故居所在，喻先生前三首诗写春天的美好景色，后两首诗表达了对两位老校长的怀念之情，接着，他嘱咐我步其诗韵。回想二十年前，我就读复旦大学，心中感慨万千！归来不眠，和成《春兴》诗五首：

一树梨花晓色鲜，绿杨桥外赏心天。
今年恰是春光好，处处芳菲喜自妍。

摇绿嫣红缀满枝，玉人新洗淡凝脂。
桃花遍映邯郸路，十里薰风次第吹。

数竿修竹入帘斜，滴翠含烟带露花。
此景天然成画本，何须紫艳竞芳华。

放眼层楼耸四围，多情我自立斜晖。
恍如二十年前事，共析奇文戴月归。

碧影藤萝绕屋门，年年走笔忘晨昏。
先生已是人书老，漫写春风到故园。

昔日教读诸师如今多已垂老！我最后那首诗，就是写喻蘅先生的，喻先生看了诗稿默默地点头……

没过多久，他又使我步马一浮、谢无量唱和“鱼韵”律诗原韵，我应命写成《题浙江安吉出土东汉张氏古墓砖刻文字、鱼鸟纹饰拓本》：

珍遗史迹每耽予，闻出千年安吉居。
古径荒寒张氏冢，宜官富贵汉砖书。
图传子建铜台雀，石刻庄周涧水鱼。
寄语诸君重认取，细心摹拓应虔如。

他对友人称道我的诗，可是，我自知最大的兴趣在书画方面，喻蘅先生的诗词造诣和成就是我此生望尘莫及的！

近十年来，编辑朋友们常约文稿，喻先生在报端见到了我写的回忆陈从周等人的文章。当他见到我回忆苏渊雷先生的文章，没想到我与苏先生如此亲近，惊诧我受到苏先生诗意的影响。据我体会：喻先生的诗词朴厚谨严见功力，而苏先生的诗意则显得旷达开朗。

五、诗书画缘

中国的书画其实质也反映了作者的思想和综合修养，写意画追求诗文与书画的完美匹配，经苏轼、文同、宋徽宗等人努力，文人善书画者，于中国美术史上开辟一新境界，故宋以来人又将诗称作“有声画”，画称作“无声诗”。当代著名学者钱钟书分析“中国诗与中国画”（《旧文四篇》）时总结道：“诗和画号称姐妹艺术。”“诗情画意”也成了中国艺术的传统。

喻蘅先生与当代上海擅书画的文化人相友善，如苏渊雷、陈从周、翁闿运、陈兼与、周退密、田遨等。在复旦大学校园内，他与善书画的学者王蘧常、周谷城、苏步青、朱东润、吴剑岚、伍蠡甫等投缘。

喻蘅先生毕生倡导文人艺术，力求将中国的诗文书画创作融于一体。

谈到喻蘅先生的书法，若按清代阮元“南帖北碑”学说，可以归入宋明以来的帖学。具体说来，他深研“二王”，推崇东晋以来的尺牍（书信）书法，尤其致力于唐代僧人怀仁集《王羲之圣教序》，间或略参文徵明笔意。

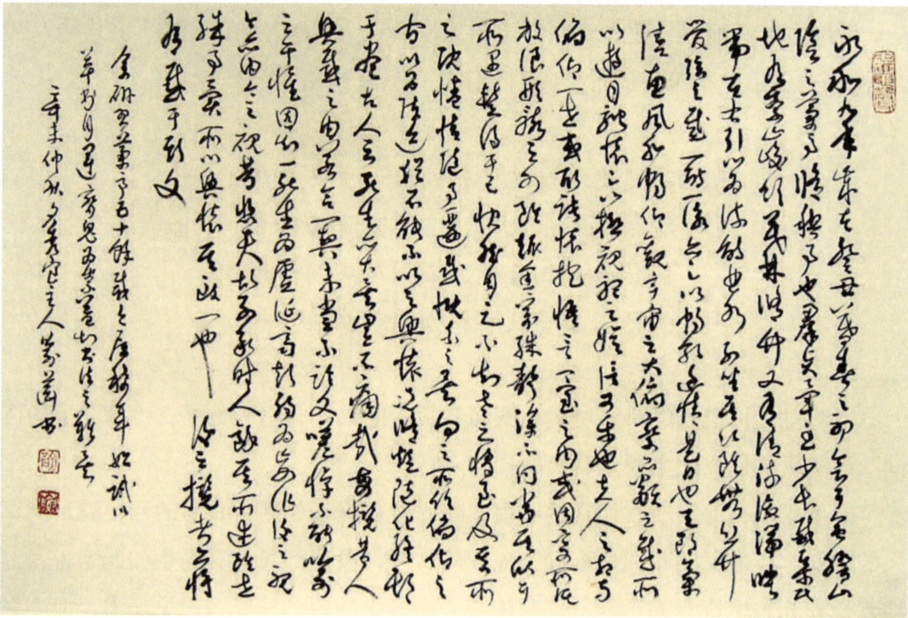

喻蘅书《兰亭序》

在当今社会，他的性格有时显得“迂”，因为他只讲求“好”，不考虑其余因素，在郭沫若与高二适有关王羲之《兰亭序》考辨问题上，他写文章认为郭沫若错了，高二适是对的。

喻蘅先生是中国书法家协会的成员，堪称学者型的书家。往日，他与朱东润教授都喜临摹《兰亭序》，其实是他对王羲之书法艺术的理解和再创作。作为文人，他的字不仅依托自己的修养，风雅有韵味，还强调运笔有法度，若按当代大书家沈尹默先生的观点（《沈尹默论书丛稿》，书家与善书者两者之间的区别），称得上是一位真正的书法家，故王蘧常、朱东润教授每每加以赞扬，上海当代专职书家中，他与翁闿运、张森等人趣味相投。

谈到喻蘅先生的绘画，应该说是文人率意式的、抒发性灵的那一种，并不刻意求工。二百多年前，兴化先贤郑板桥、李复堂享誉扬州画坛，喻蘅先生的画，从技艺上可以说是扬州画派的继续。

他被《广陵区志》记载为当代20余位研究扬州画派的著名学者之一，对自称南宋大画家郑思肖后裔郑板桥的诗书画艺，对乡先贤《水浒传》的作者施耐庵，以及元末起义英雄张士诚皆深有研究，他在诗书画方面的学识修养堪比扬州画派的金冬心。

他长画家刘旦宅近十岁。1958年冬天，他们在北京琉璃厂的一个绘画小组里工作。刘旦宅当时不足三十岁，很有才气，创作时，先静坐构思，然后迅疾出笔。刘旦宅尝即兴为其作两幅册页画：一为“孙悟空过火焰山图”，另一为“青骢图”。喻先生在后一幅画上写诗《题刘旦宅画马》：

喻蘅《兰竹石》

看君走笔忒匆匆，妙技能传造化工。
欲买碧纱勤护取，恐它飞去化神龙。

1979年，刘旦宅先生举办画展，喻蘅先生观后，回想往事，又题诗称赞：

当年厂甸雪霏霏，戏画青骢送我归。
一瞬沧桑二十载，惊看破壁化龙飞。

又过了十多年，我在刘旦宅先生的画室内谈起此事，并说诗已收录于他的专辑《艺文随笔》，刘先生表示想得到一本这样的书，我回来转告喻先生，他听后

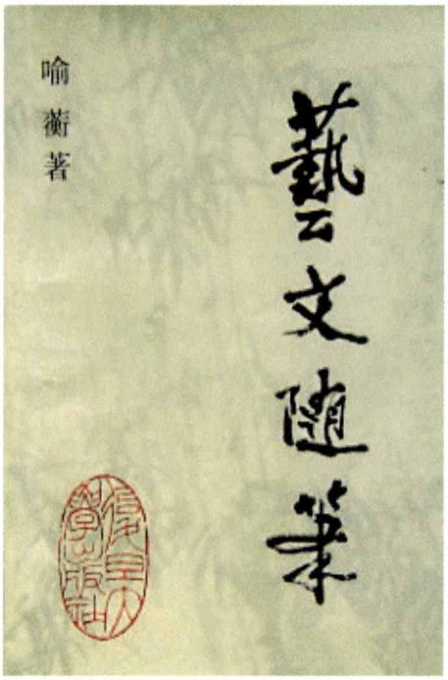

周谷城题喻蘅《艺文随笔》

仅淡然地对我说："没有必要了！"

昔日，他也曾去探访老画家沈迈士先生，本来是想探讨画艺的，但沈先生知道他精擅诗词，引以为知己，将多年所有的诗稿，一尺多厚厚的，翻拣出来，请他过目……

谈到喻蘅先生的诗词，其成就更高。

我所知晓喻先生题画兰竹诗就有一百多首，可谓比清代专攻兰竹的大家郑板桥还多，若在唐宋时代，他可以称得上是一位大才子！他尝自选八十首，复印后分赠我一份，在纸的右上侧空隙处，用毛笔很客气地写道："正平诗人吟玩，邯翁，庚辰少秋。"为便于今人阅读，我力图再精选其中三十首，并加以小标题，略作注释。但读着读着，好些诗实在不忍删减，最终选定四十首。

喻蘅先生处事认真，为人谦和，他期望学生们有所成就，也想学生们能记得他。近二十年来，他出版许多诗文集，每次都送我一本，如《艺文随笔》《藿场喻门诗词》《喻蘅诗词桑榆集》《延目词稿》，最后一本是《诗书画缘》。

他的诗词极富于感染力，读来荡人心弦，2007年9月，《上海诗词》第63期全刊发表其个人专辑——《喻蘅诗词选》。

喻先生年近九十时，还常常能写出精美的篇章，我默默诵读他数年前的诗句："匡世词章重若经，也能石破也天惊。"心情起伏。

先前，喻先生曾告诉我："王蘧常差点被埋没了"，真令我吃惊！他对王秋园身后才具有的画名深有感慨，说中国的学问家遭遇如此处境的人实在太多太多。像他这样真正的学者不应该被埋没！曩日，我读清代人李斗《扬州画舫录》，得知石涛生前声誉还不及查士标，深有所感，古之高士，大概也是如此！陶渊明说："千秋万岁后，谁知荣与辱。"

喻先生之妻赵荣远师母也生于书香名门，故他戏呼为"天水郡主"，前些年，"郡主"也八秩寿辰了，他感叹流年，以一首《金缕曲》相贺：

今日何辰也？是芳卿，耄龄八秩，降辰兹夜。记得东皋初携手，素练衣裳淡雅。正浅渚白蕖低亚，翠盖摇风花袅袅，笑花枝也妒人幽姹。展素扇，为君写。

方回一阕衷情话，任频牵，藕丝难系，终成婚嫁。驹隙韶光驶如电，倏忽朱颜老大。同彳亍、世途回蔗。彩扇余香今犹在，证年华锦瑟情无价。相濡沫，诗书画。

词写得情真意切。但两年多前，喻蘅先生的筋络受到损伤，卧病在床，思绪也因此变得如童稚一般，有时伴随着时间和空间错乱的感觉，梦寐中还念念想写出惊天地、动鬼神的诗篇。

往昔，复旦大学长于文辞的王蘧常教授、朱东润教授等前辈学者，早先皆有诗名，晚年却以书法酬世，无暇诗词创作，仅仅这一点，喻蘅先生的成就能超越前人。他最后几年，时常唱和的诗人是上海文史馆的周退密先生和田遨先生，他的书画可以与诗词一起流传于后世。喻蘅先生痛于2012年3月6日，享年整九十。

如今，“天水郡主”也病卧在床，又有谁来怀念他呢？我想起了他赞誉苏渊雷先生才学的六首挽诗：

史汉葩骚汇大宗，禅机道性并融通。
前身玉局才如海，荒北瘴南讶许同。

十五年前初识荆，汉和诗友喜联吟。
一枝绣虎雕龙笔，满座云山韶濩音。

依绿园邻西子湖，曾随杖履借山居。
景苏阁上题诗客，首让先生一笔书。

水绘园连洗钵池，钵翁投钵倾华池。
雉皋佳酿何曾醉？妙笔罗浮写折枝。

谁是诗中疏凿手，论诗百首屹奇峰。
评功若准遗山论，合把黄金铸钵翁。

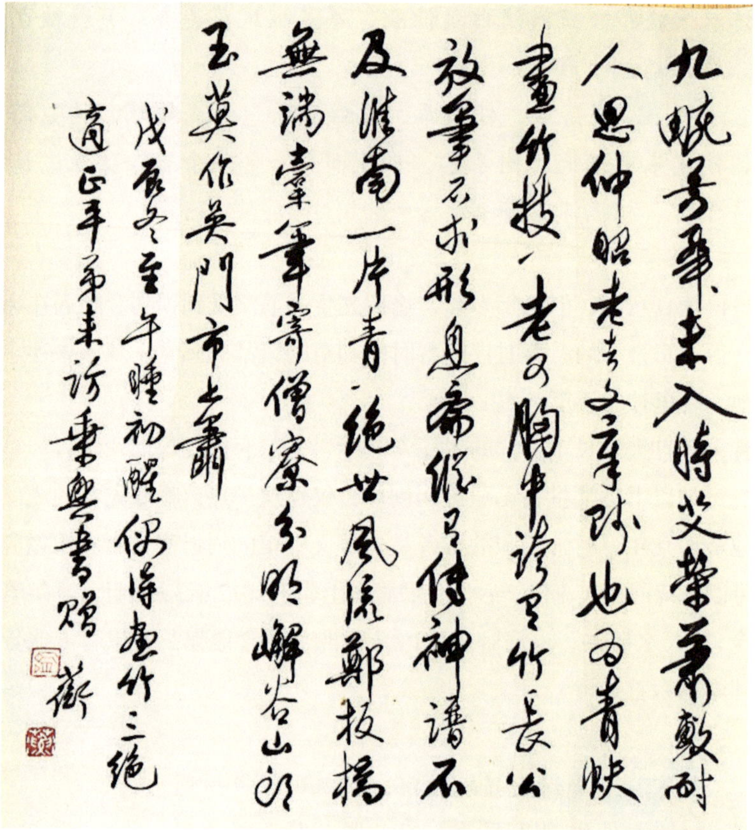

喻蘅咏兰竹诗

天风鹤响荡高秋，忽报先生赴玉楼。
一代词流同洒泪，江山文藻恸无俦。

这些诗，许多方面也可以理解为喻蘅先生的自我写照。

回想起来，自中年以后，喻先生身体一直不好，还没退休，他就因多种疾病被迫于太湖地区疗养，可以说，他的晚年，以诗词抒发性灵，以书画寄托生活，没有诗书画，他也早就没命了！昔日，他的文坛友人中体健者如苏渊雷、蒋雨田等活了八十多岁；明代大书画家文徵明也活了九十岁，这样说来，他可比之于古代长寿的贤者，也能宽慰家人了。

喻蘅先生的诗书画艺将永为后人记取！

附：

喻蘅题画兰竹诗精选（七言绝句四十首）

题画新篁赠复旦学子

新枝已报凌虚志，解箨初看出世材。
他日琅玕高百尺，春风得意报书来。

题画晴竹

阳和景物正暄妍，阅尽沧桑又几年？
一片清风来谷底，十分淑气得春先。

题画雨竹

小园春老燕来迟，坠粉飘红又一时。
不似此君颜色永，摇风曳雨自多姿。

题画风竹

翠葆森森四季宜，不随红紫夺芳时。
高标绝品谁能赏？雨打风吹不折枝。

题画雪竹

谁见琼林琪树枝？镂冰裁玉费情思。
凭他妙擅丹青手，难画琅玕傲雪枝。

题画墨竹

七贤寂寞故林荒，九畹香残莫感伤。
竟与画师求墨趣，风枝露叶也琳琅。

题画纡竹

文同画竹多纡偃，岂待闲人枉品裁？
劲节不殊肝胆近，崎岖贤路费疑猜。

题画醉竹

冬心以酒和烟墨，画出琅玕有醉姿。
我本无心成此幅，攲斜不异大醺时。

题惠风和畅之竹

解箨抽梢趁好风，几枝晚秀出墙东。

萧疏不似摩云者，已有清商透碧空。

题山巅之竹

七十峰头翠筱幽，更谁潇洒比风流？

卅年挥写何曾见，气韵天然在此求。

题小窗雨竹

玄黄风雨飒然昏，戛玉敲金不可论。

淅淅潇潇还沥沥，夜分疑是念书声。

题疏叶老竹

卓然烟露浥疏枝，不与繁华斗艳姿。

岁月无情人易老，绿章谁乞驻春词？

题书斋之竹

猗猗绿竹欲干霄，雨雪风霜亦自豪。

画到小斋尺幅里，纵无风雨也潇潇。

题写生之竹

成竹在胸未足矜，长公放笔不求形。

息斋纵有传神谱，那抵淮南一片青。

题高山流水之竹

几丛婀娜堕烟青，流水高山似可听。

雨过晚凉生肘腕，一池新墨写湘灵。

题清风佳音之竹

阳屿仙山竹影森，是谁郁怒作龙吟？

清风不送宫商谱，瓦缶千秋是至音。

题秋冬不衰之竹

老叶新篁各异姿，画成搁笔费吟思。

胜他金谷花千树，耐得秋寒风雨时。

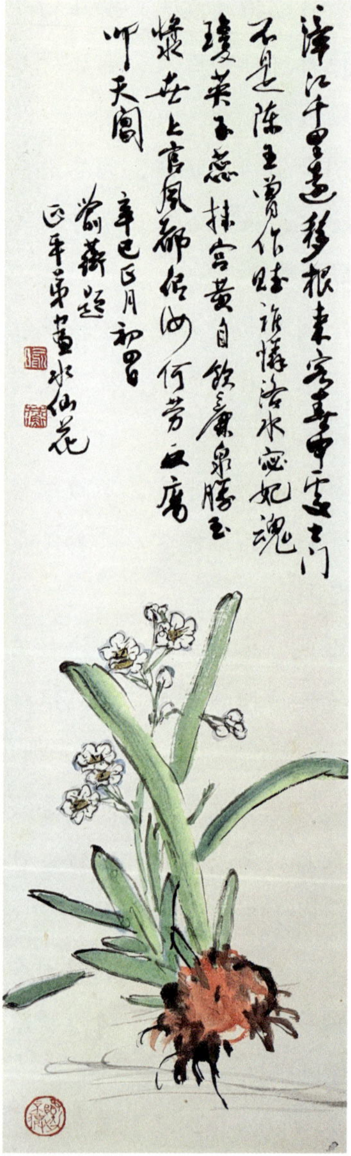

喻蘅题画水仙

题四时不衰之竹

条风布暖到江南，紫姹红嫣春已酣。

莫笑此君无艳色，画图耐得四时看。

题暮春园林之竹

翠雨轻寒一阵风，谁家院落笛声中？

多情尚有潇潇竹，何必伤春怨落红。

题夏日纳凉之竹

凉风一径自悠悠，却暑何妨画里游。

画到陶然心得处，欲呼老板上扬州。（注：郑板桥自称老板）

题秋雨山涧之竹

碧涧生寒翠雨收，枝枝叶叶亦风流。

若教逞艳依芳甸，未必虚心到晚秋。

题岁寒忍冬之竹

寒云漠漠漫江湾，偻指何堪岁又残。

尚有几竿清瘦竹，伴人高咏到更阑。

题画兰竹遣怀

修竹婷婷我自栽，更添兰蕊报春来。

画家自有回天力，笔底韶华任遣排。

题画兰石

老石拳拳寿几何？沧桑看惯阅人多。

荒丛不是繁华界，犹有猗兰偎碧窠。

题画兰竹

一径风篁破晓寒，无端委婉写猗兰。

西园桃李东篱菊，多少炎凉次第看。

题画山涧兰竹

幽泉出涧觅知心，却向筼筜得赏音。

更与馨兰同默契，何须寂寞独沉吟。

题画兰竹石

片石依然俯碧苔，几竿修竹又重栽。

沧桑历尽都疑幻，九畹幽香入梦来。

自述废寝忘食画竹

我耽墨竹与幽兰，画到忘饥废寝餐。

拥绿遗型宁可到？看他取势任回还。

自述画竹渊源

从来画竹是乡风，拥绿浮沤溯旧踪。

截取数竿烟雾里，乌巾荡畔雨蒙蒙。

（注：清代扬州画派郑板桥有拥绿园，李复堂有浮沤馆，相互比邻，皆于兴化城南升仙荡，早已不存）

论乡先贤郑板桥、李复堂画竹

板桥五十始写竹，复堂让路筼筜谷。

终看大帜树扬州，千古高风自谡谡。

论蒲作英画竹

频年写竹总难工，投老孜孜兴不穷。

最爱蒲华生趣溢，柔毫淡墨写春风。

论画竹与书法相通

写竹功夫干枝叶，构图穿插费精思。

竿如篆隶叶行楷，巧叶风篁似草驰。

论竹竿可为人沽名钓誉

二十年来平淡看，而今枝叶却为难。

渭台客去秋风老，更与何人作钓竿。

论画竹简繁

画兴来时笔已干，急调水墨写琅玕。

添枝加叶翻成病，奥窍何曾悟简繁。

喻蘅墨竹画

论画茂林修竹

疏不易为密亦难，画成总觉太纷繁。

枝枝叶叶将人累，画到更深月影残。

论画竹新意

冷咽凄蝉已戒秋，风枝雨叶更清幽。

淋漓水墨求新趣，笑煞文同与蓟丘。

论画竹之难

画到生时是熟时，郑公妙悟不吾欺。

卅年写遍江干竹，犹是艰难举步迟。

论竹如高士

画竹无烦索解人，风前个个挺精神。

此君独爱冰霜趣，不似姚黄但富春。

（注：姚黄，名品牡丹之一种）

答友人劝鬻画

绝世风流郑板桥，缘何橐笔寄僧寮。

分明白鹿崖头玉，莫作吴门市上箫。

画竹求真赏

与可挥毫胸有竹，石涛濡墨意为师。

真知却在骊黄外，莫信纷纷耳鉴时。

时壬辰年三月喻蘅先生谢世经月　　上海正平周宓　精选注释以志永怀

喻蘅先生简介：

喻蘅（1922—2012），字若水，江苏兴化人。生前为复旦大学教授、复旦大学书画篆刻研究会会长、中华诗词学会会员、上海诗词学会顾问、中国书法家协会会员，当代诗人、当代书画家。出身书香世业，承家学。1943年，就读南京中央大学（现为南京大学）艺术系中国美术专业，受业于著名诗词家龙榆生、吕贞白先生，早年书画得陈师曾弟子陈小溪传授。喻蘅教授对古典诗词和写意书画有深厚的造诣，对传统的“诗、书、画、印”相互渗透和完美结合有深刻的理解和认识。据《广陵区志》记载，他是当代20余位研究扬州画派的著名学者之一，著有《喻蘅诗词桑榆集》《藿场喻门诗词》《艺文随笔》《诗书画缘》等。

刘旦宅的玩笑话

我和刘旦宅先生略有交往，回想起来，20世纪90年代初，华师大苏渊雷教授和文史馆朱子鹤先生曾使我代送信札和诗集。

当时，他居住在徐汇区安亭路一幢老公寓楼里，整体建筑精美，流露出20世纪三四十年代的民国气息，风格耐人寻味。相距极近的同一条路上，还有文史馆馆员周退密先生的家。

刘旦宅画

刘旦宅本名浑，号海云生，原籍浙江温州，故而与苏渊雷老家带着乡情。

刘旦宅个不高，脸型消瘦，留着不短不长的络腮胡子，有时还会戴一顶传统的绍兴毡帽，就像鲁迅笔下的人物，大概艺术家总会有那么些特别之处吧！

走进门来，右侧墙上的镜框里有一横幅大画，近景是山，气势奔放，一轮红日从上方升起；左侧就是客厅，兼放置大画桌，对面门旁两个竖幅大镜框里，分别是王蘧常的章草书，还有刘旦宅自己创作的高士图，像诗仙李白之类的人物，出笔俊健超逸，赋色清灵雅致。

有许多次，我携带自己的画向他请教，并告诉说："唐云先生觉得我用笔有点张大壮的意趣。"刘先生回答："还是受唐先生影响多些！"彼此相视而笑。

看着我的画，刘旦宅先生尝传授自己的经验：画花卉植物较滋润，画鸟类就应该多用干笔，要有对比感。

关于人物仕女画：认为脸部应该仔细刻画，衣裙边角可以简略。某次讲得兴起，握住一支细小的狼毫钩线毛笔欲作示范……

然而，刘旦宅先生性情孤傲，平素极不喜欢在人面前作画，我能见到的，也仅仅一次，确切地说是半次，没有画完就停下来了。他也不愿意作应酬画，尝允笔者一开面册页，未果。

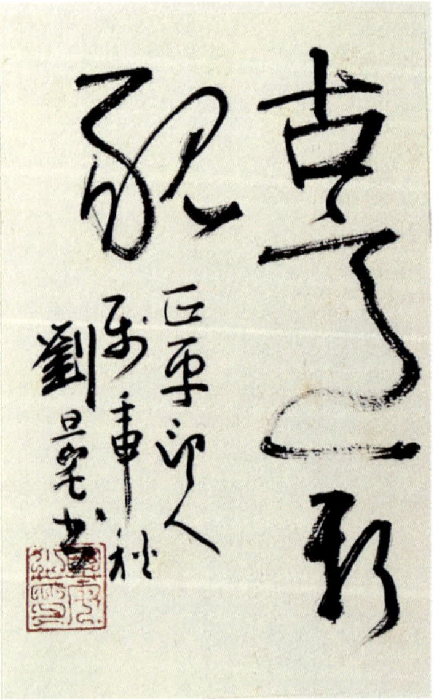

刘旦宅题

刘旦宅先生有时候会说些玩笑话：

某次，他看着我的笔名"周宓"后面一个字打趣道："你这个名字好玩，就像过去搞运动时，头上被戴了帽子，心里像扎了一下！"彼此立刻哈哈而笑。

从言谈中得知，他很佩服程十发先生。

当时，为了标新立异，有人将洗涤剂、盐等蘸于画面上以获取特殊的视觉效果，刘旦宅先生内心是反对的，他笑举程十发先生的话为例，说道："程（十发）先生讲，好用的，硝镪水（腐蚀剂）也可以用的。"然后我们都开心地笑了起来……

有时候，刘旦宅先生也会与我探讨些小古玩之类的物件，如唐三彩、汉陶俑、铜镜等。

他曾当面为我题写过几次字，感觉思绪敏捷。

一次，我翻开自己的小册页，刘旦宅先生几乎不假思索，提笔书写“古意新貌”四字。

又一次，我带着唐云先生的竹石图请他题写诗堂，刘先生看了很乐意，问什么内容好？我想到郑板桥的诗句“幽情逸韵落人间”，他沉吟片刻，再问：“就写前面四个字可好？”“好。”我立时回答。接着，刘旦宅先生展纸提笔，书写“幽情逸韵”草体，落款很客气：“正平兄属题药翁墨妙，乙亥夏，旦宅。”左边钤钱瘦铁刻的白文印……

时至今日，我的书柜里尚存有刘旦宅的著名出版物《石头记人物画》和《刘旦宅聊斋百图》。

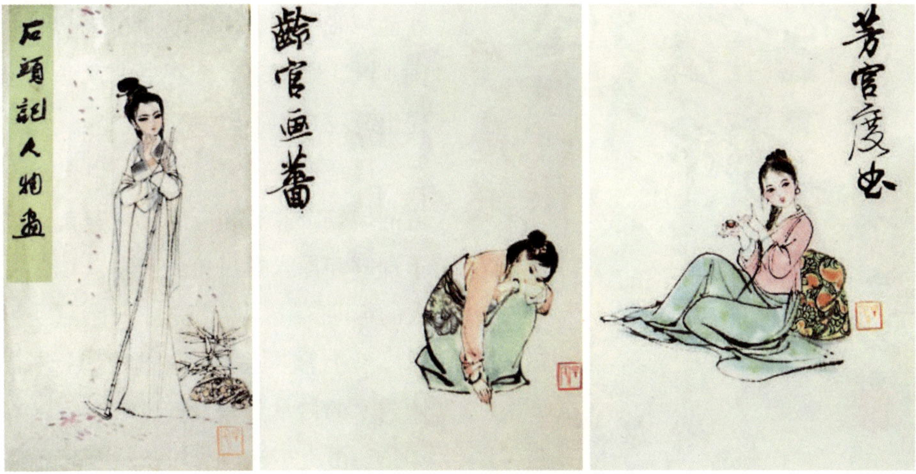

刘旦宅画

景仰前贤王个簃

王个簃《春光图》

2018年1月26日，冬雪初来申城，大地一片洁白，寒冷的空气又透着清新的感觉，笔者与诸友朋相聚上海中国画院，观赏著名金石书画家王个簃先生诞辰120周年展览。

这是现今研究王个簃先生很有价值的展览，并有相应的文献资料，对于理解和深入探讨相关艺术，具有很大的帮助。

王个簃毕生尊师重教，是吴昌硕艺术的传承者和发扬光大者。1897年，他出生于江苏海门一位教育者家庭，自幼喜爱诗文金石书画，具有良好的修养和气度。1919年，执教南通第七中学，初从吴昌硕门徒李苦李学艺，并有幸结识陈师曾等人。他深感好老师难寻，1923年夏，王个簃时年27岁，毅然辞去南通七中国文教职，在李苦李引荐下，拜入当时的画坛领袖吴昌硕门下。1925年，并兼任其裔孙吴长邺家庭教师，好学生也难得。日后，王个簃跟随吴昌硕，勤于笔砚，又陪伴老先生游历浙江塘栖、杭州一带，获益良多，遂得吴门诗书画印真传……

除了金石书画，青年时代的王个簃是很好学的，他向曹拙巢、杨沧白前辈学诗，还向吴昌硕的友朋冯君木、诸宗元学词章，由此奠定了文人艺术的坚实基础。

吴昌硕在清末民国初年具有画坛领袖的地位，王个簃有这么高的起点，并有幸结识当时的画坛才俊如张大千、刘海粟等人，并与同门贤达赵云壑、王一亭、潘天寿、沙孟海、诸文韵、诸乐三、郑健安、韩子谷等密切联系。

1927年冬，吴昌硕在上海谢世，王个簃时年31岁。

王个簃、江寒汀、唐云合作

日后，王个簃先生成了一名艺术教育家。1927年底，任新华艺专、中华艺术大学教授。1928年，与王一亭、吴东迈、诸文韵、诸乐三等创办昌明艺专，任国画系主任。1932年，任上海美专教授，兼国画系主任。1937年，任东吴大学教授。

王个簃毕生得吴昌硕老师大气磅礴的技艺，他数十年的艺术活动，也启发了后来众多的学子和艺坛大家……

笔者有幸，也曾数次见过王个簃先生，回想起来，那是在1982年冬天，复旦大学书画篆刻研究会在虹口公园举办师生联合迎新春展，水平高超的老前辈学人如王蘧常、伍蠡甫、周谷城、苏步青、朱东润、吴剑岚、郭绍虞等人携书画作品前来参展。开幕式那天，请来了众多书画界名流：记得颜文樑先生已有90高龄，行走不便，迈着小碎步，笑容满面地来了；王个簃先生来了，身材修长，穿着长大衣，右手执杖，戴着眼镜，看上去就是一位老知识分子，他虽然已有85岁的高龄，但步履尚健，后面跟随曹简楼和曹用平画家；又记得画家唐云先生来时，从衣袋里取出一支小毛笔，很认真地在签到本上署名；还有身材瘦小的老书法家翁闿运先生……

过了些天，复旦大学书画篆刻研究会的创始人喻蘅教授，再次邀请王个簃先生来书画展进行点评。

记得当时，王个簃先生的周围环绕着许多人，我这个大学三年级的文科生，有幸也有心在一旁听着，老先生说得较多的一句风趣话就是："做人要老实，画画不要太老实！"他对于书画的落款和钤印部位，也极有见地。中午时分，王个簃先生还即兴创作了两竖幅四尺三开的画，据悉，经装裱后长期张挂于复旦大学工会墙上，以后保存并不完好，真是可惜了！

印谱与印泥制作家符骥良

符骥良

符骥良（1926—2011），号雪之、白果，以“梵怡堂”颜其居。江苏江阴人。1948年，毕业于中国新闻专科学校。

符骥良喜好金石书画，初得绍兴人田叔达（1908—1981）老师启蒙。

据符回忆：1955年秋，拟成立“中国金石篆刻研究社”，地址为余姚路134弄6号，为印谱收藏家、印泥研制专家、金石家张鲁庵（1901—1962）及夫人叶宝琴的居所。具体有马公愚、陈巨来、钱瘦铁、叶潞渊、王个簃、来楚生、高式熊等人筹建，继而还有朱其石、钱君匋、沙曼翁、单晓天、吴朴堂、方去疾等，众人共推王福厂为主任委员，马公愚、钱瘦铁为副主任委员，张鲁庵为秘书长。

至1957年4月，共有109名社员，上海79人，外省市30人。

符骥良由田叔达、张维扬介绍加入，以后与张鲁庵交往特多，执弟子礼。

一、晚清三大名家印谱拓印

符骥良的主要成绩首先表现在印谱拓印方面。

他与高式熊合著《拓印章边款的方法》，油印转发“中国金石篆刻研究社”

社友，钤拓印谱甚勤。

其时，符骥良最主要的成就是为钱君匋手拓收藏印成谱，具体为：

《赵之谦印谱》，收印116方。

《吴昌硕印谱》，收印116方。

分别手拓35部，（吴谱由华镜泉钤朱），均二册装一函。

据符骥良以后对笔者回忆：还手拓《黄牧甫印谱》几十部……上述印谱制作，前后三年，故在此期间，钱君匋收藏的这三大家印章也放置在符骥良家里，摩挲把玩，足为一时之掌故。

符骥良曾将很少一部分的吴昌硕印章边款赠与笔者，并告知："相识恨晚，多年前，不少钤拓件已给了吴颐人。"

二、国家级非物质文化遗产"鲁庵印泥"制作的传承者

"中国金石篆刻研究社"，活动时间1955—1961年。1961年4月，成立"上海中国书法篆刻研究会"，逐渐替代前者社务。

张鲁庵生前善制印泥，曾被划为右派，1962年3月病故。据符骥良回忆：其试制印泥用的朱砂、艾绒，还有印谱纸等散落满地，无人关心，状极凄凉；其收藏珍贵老印谱400多部，还有古代名家印章1 500多方，包含最珍贵的邓石如五面印，悉数捐赠杭州西泠印社。

符骥良晚年最大的贡献，即能继承张鲁庵遗愿，参与国家级非物质文化遗产"鲁庵印泥"的研发与制作，成为代表性传承者。

三、往事与回忆

早先，符骥良夫妇居住在万航渡路，与蒋佩瑶（厦门人）比邻。

符骥良也常去钱瘦铁家请教。

约1947年，识唐云、苏渊雷。

五六十年代，唐云、苏渊雷相交甚厚，后为一事彼此看法不同，有分歧。

六十年代中期以前，每星期六中午，唐云、叶潞渊、钱君匋、符骥良四人到曹家渡状元楼酒家聚饮谈艺；"文化大革命"时受审查，唐云说自己听觉不好，记

不得什么了，符骥良深受挫折……

钱君匋尝仿刻赵之谦印章一方，出售70元；仿刻吴昌硕印章二方，出售100元，皆为一大人物购得。

70年代初，唐云窘迫，由符骥良经手，将一本新罗山人小册页暂且押与钱君匋，抵资300元，言定还资金时，唐云再画一本册页酬谢，此举无异于秦琼卖马！日后，钱君匋不愿归还册页，彼此有间隙。

2000年以后，唐云的杭州籍老学生钱玄、符骥良，还有笔者，都居住在长寿路南北，相隔不过三五百米。

钱玄喜仿唐云早年画，惜用笔多描摹。

周末，符骥良常去南昌路一茶室闲坐，某次，笔者同往，识吴昌硕裔孙吴长邺。

符骥良知笔者喜掌故轶闻，特介绍江阴籍友人陈以鸿和同学蔡耕……

2011年，上海中国画院吴玉梅画家欲与笔者往访，惜未成行，不久，符骥良故世。

云间画家吴玉梅

云间画家吴玉梅女史，其声名早已享誉画坛，然而，我与她真正往来，还是近几年的事。在国画方面，我素知她是唐云先生的高足，画得一手好花卉。昔日，她家住华东师范大学一村的时候，与苏渊雷教授比邻而居，故相知较深，我在回忆苏先生的文章中曾提起她来。闲暇时，玉梅画家与我谈起唐先生、苏先生，还有叶潞渊先生，彼此都有相见如故的感觉。

2010年春夏之际，吴玉梅画家在恒源祥香山美术馆举行“从艺五十年画展”，她的画，色调明快，清新自然，富有田园气息。开幕式以后，我又去画展仔细地欣赏了两遍，说真的，像这样大规模看她的画，我也是第一次。

唐云先生诞辰一百周年活动日，我们欢聚在上海大剧院宴会厅，席间，友人们相互敬酒，她对我找乐子说：“怎么没酒啦？你再喝。”临行前，她介绍了身边程十发纪念馆的朋友，我笑谈旧事：“1987年元宵节，我和一个女同学相约去程先生家，当时，我们两个小青年不懂事，缠了老先生一个晚上。”

中秋前，我给吴玉梅画家去电，她表示很想看望老邻居苏渊雷先生的夫人傅韵碧师母。

不数日，我驱车陪伴玉梅画家和她的先生单老师一同前往，苏师母已有97岁高龄了，步履尚健，墙上还有玉梅画家昔日作的“荷塘月色”图，但印象最深的是她为苏师母九十寿辰画的大幅蟠桃果树，众人接着都说：过几年，待苏师母一百岁时，请她再画一幅寿桃。我插一句话：“明年是我知命之年。”玉梅画家逗趣说：“桃子要吗？”我马上说：“要的要的。”身旁苏师母直笑我才只有五十岁。

中午，苏师母女儿苏月笑一家备了酒宴，众人坐定，又回忆起苏渊雷先生在世时的情景，苏师母开口道：“苏先生喜欢热闹，有一次问：今天怎么没有人来？”闲谈中，玉梅画家性情随和，单老师则更显得朴实……

回来时，我顺道请她夫妇在我家小坐，她一口应允。

我翻拣出自己的画来，请她加以指点，或许是客气吧，她不多加评论，只是说我用笔受唐云先生很大影响，我回答：“昔日，徐子鹤先生也有过这样的评语。”接着，她又到了我的画室，墙上有唐云先生给我的画、叶潞渊先生的画，还有苏渊雷先生的对联等，我告诉她：“我认识唐云先生，是叶潞渊先生的关系。”

吴玉梅《秋菊傲霜图》

2010年底，上海辞书出版社为我出版了艺林掌故方面的书——《上海艺林往事》，我奉赠玉梅画家一本，并请她代转几本给上海中国画院的领导。她将书略微翻阅，评价一语中的：“你走的是郑逸梅的道路。”我说：“是的，我很佩服郑逸梅！我的长处，或许比他会画，懂一点诗词。”

2011年初夏，我在虹桥世贸商城艺博会上，见到她带着一些人，还有那画画的女儿，匆匆而过。

秋天，偶然一个消息，我得知她住医院了，便赶去探视，病床上的吴玉梅画家显得真有些疲乏，见我到来，示意旁坐。我取出苏渊雷先生的老朋友，九十四岁的文史馆馆员田遨先生在年初为她书写的条幅，双手呈上，说一直没有机会，今天才取来，她让我念念，那是一首唐代诗人王昌龄的七言诗：“寒雨连江夜入吴，平明送客楚山孤。洛阳亲友如相问，一片冰心在玉壶。”再过片刻，我起身告辞，双手握住她的手，敬请保重，我知道这大概就是最后的诀别！

吴玉梅画家享年七十有一。杜甫诗句：“人生七十古来稀。”然而，这对于今天的人来说算得了什么，七十岁始，是许多画家的黄金时代，玉梅画家痛于创作盛期，甚为可惜！

回想起来，我有一事未遂画家心愿，颇感惭愧！现在的人真是忙碌得很，年前，玉梅画家提出想见我昔日的近邻，唐云先生的老朋友金石家符骥良先生，而符老先她一月去世，享年八十六。

玉梅画家少为农家女，创作勤奋，故有如此成就，诚属不易。近日，我多次翻阅她赠送给我的画集，回味同道对她的评语："谦虚低调，不愿张扬。半个世纪来，她得益于画院的文化熏陶、名师的传授，也凭借着自己不懈的努力和感悟，终于形成了清新自然、质朴平和的画风。"

上海松江地区，古称云间，三百多年来的画坛，杰出代表者有董其昌，有程十发，也有吴玉梅画家。

时2011年12月，正平周宓

忆楼鉴明君

楼君鉴明已谢世三十年了，我总觉得应该写一篇回忆他的文章，此时此刻，思绪万千！

楼鉴明（1951—1991），原籍浙江奉化，生于上海虹口区。少时失怙，免不了忍受饥寒。十多岁时，得知大书法家沈尹默先生为其近邻，其时，沈老也寥落，这位好学的年轻人，便经常前去请教，自此酷爱书法。多年以后，笔者曾见到沈尹默写给他的临字帖墨迹手稿，厚厚的一叠。他早年还转益多师，受任政、胡问遂等先生影响。

恢复高考以后，鉴明考入复旦大学，成了中文系第一批77届学生。

他长我有十岁，彼此相识，始于1981年复旦大学书画篆刻研究会成立之初。

楼鉴明

关于该研究会，据现在一些资料记述：大致时间为20世纪70年代末，80年代初（又说1979年6月），“楼鉴明、潘良桢等同学发起组织中国高校第一个学生社团——复旦大学书画篆刻研究会”，并请中文系“郭绍虞教授为顾问”。

但在我的记忆中，1981年秋天，面对学校正门，越过邯郸路向南的工会楼一楼大厅里，举行了“复旦大学书画篆刻研究会”大规模的成立会，实际是师生共同参与的艺术社团，共举中文系朱东润教授为首任会长，而实际负责人是校长办公室喻蘅教授。

校书画篆刻研究会经常作有关讲座，并进行交流活动。

其时，王蘧常、郭绍虞、朱东润、周谷城、伍蠡甫、吴剑岚等擅书画的老教授健在，但在一般学生眼里，遥不可近；喻蘅先生作为教职员工代表，具有声望；鉴明学长作为学生代表，其组织才能和人品胸襟都是很出色的，带动了学生们的书画篆刻热情。

不久，经喻蘅先生努力，鉴明因擅长书法留中文系任教，协助郭绍虞教授，与王蘧常等教授皆熟悉，尝见蘧老为其书写长联，古雅精神。

记得我们在校期间，书画篆刻研究会最有影响力的，是在虹口公园（鲁迅公园）举办“第三届复旦之春”展览，确切时间是1982年冬天直至1983年初春，开幕式这天，社会名流书画家也前来聚集，有颜文樑、王个簃、唐云、翁闿运等老前辈，其时，周慧珺、张森等书法家刚步入中年……

1983年至1984年，我与新闻系的裘正义，作为理事，实际负责书画篆刻研究会的学生工作，与喻蘅先生、楼鉴明学长一直保持联系。

因受喻蘅教授启发，鉴明与我始学古典格律诗词。

后得知鉴明家居天通庵路一石库门底楼，便常去走访。

鉴明擅长行、楷书，主要致力于宋以来帖学，对于米芾、苏轼的字多有临习，运笔精熟，线条圆润，厚实且有力。

楼鉴明书扇面

鉴明对书法理论有较深的研究，尝与洪丕谟编著《历代书论选注》，由周谷城教授题签，复旦大学出版社出版。

鉴明有几首喜欢书写的古诗，我至今尚能记忆：

一是王国维《端居》:“端居多暇日，自与尘世疏。处处得幽赏，时时读异书。”

鉴明为读书人，这首诗时常能表达他的心境。

另一是陆游《雪后龟堂独坐》:“丈夫自重如拱璧，安用人看一钱直。箪食豆羹不虚受，富贵那可从人得。读书万卷行愧心，幽有鬼神为君惜。龟堂乐处谁得知?红日满窗听雪滴。”

那是真正读书人的气度，自爱自重的内心体现!

鉴明处世，进取有品格，其为人，律己不刻板。他对我有很大帮助：

1985年，他努力促成我加入上海市书法家协会。不久，又推荐我加入上海市大学书法教育协会，结识黄若舟会长等人。

长时间来，鉴明如兄长一般，令我敬重！他常鼓励我，称道我的字画有书卷气。

1987年，鉴明作为访问学者，至日本东京创价大学进行中日书法比较研究，他也希望我前往留学，并联系了助教之职，但由于诸多原因，惜未成行。

鉴明为学甚勤奋，常讲座，遇事重信诺，于访日学者中深有影响力。1988年9月，被日本东京大学聘为客座研究员。同年11月，获日本“第十六届全日展”兰亭奖。12月，又获“全日本书道教育联盟”

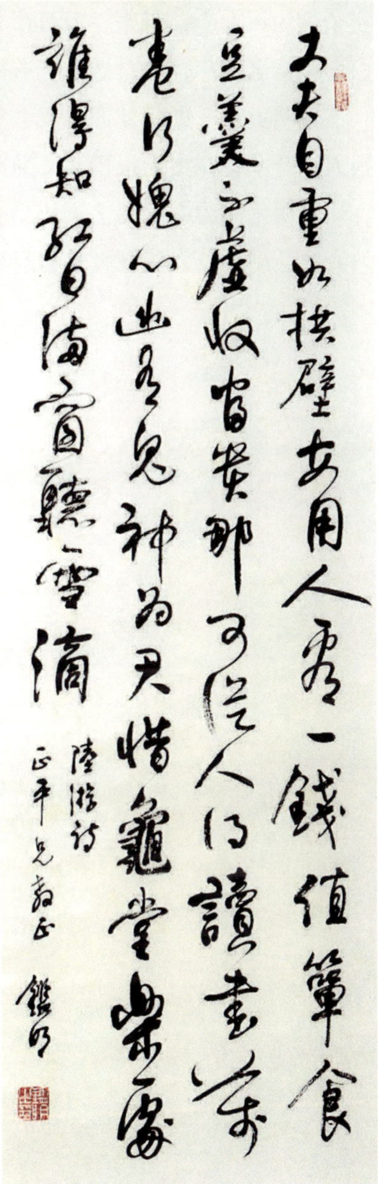

楼鉴明书陆游诗

授予的“书学博士”称号……

长时间劳累，鉴明身体逐渐不济，1991年，被查出胃癌晚期，到了下半年，他本想回到国内，但很虚弱，后来得知，日本当时先进的医术，不比中医高明！

他最后的日子里，还记得我为小山满等日本学者篆刻的一些印章，委托他的妻子徐为凤女士，带来一万日币，表达谢意。鉴明之真诚，使我不能忘怀！他有一女儿，名抱一，取自老子《道德经》，彼时刚入小学，不知现如今怎么样了？

鉴明英年早逝，才四十岁，如鹰折中天，一代青年学者，深为时人惋惜！老报人徐开垒曾在文汇报撰文《勤奋出天才——悼念书法家楼鉴明》。

鉴明生前为中国书法家协会会员，上海市书法家协会会员，上海市大学书法教育协会副会长，复旦大学书画篆刻研究会副会长……

时2021年12月30日

收藏鉴定与访谈

陈佩秋谈书画

2010年10月3日，天气晴和宜人。上午十时许，我进得门来。不久，门铃又响了，另有三位友人到来，众人都在室内闲坐。

一、闲谈古书画鉴定

一会儿，陈佩秋老师起身走了进来，招呼说：自己年纪大了，晚上睡不着，一个人待在画室内看画，凌晨四点钟才睡。她的画桌上放置着一幅仿制的宋代赵伯驹的青绿山水横长画卷，印制技艺高超，甚至连绢本的细微编织丝纹和古画的接补痕迹都能展现出来，看上去确实很精美的。陈老师对宋代的卷轴画可谓推崇备至，她认为这幅画卷比宋徽宗时代王希孟的《千里江山图》画得还要好，众人都静静地随着她的话语细赏那印制在布上的精美山水画面。

闲坐时，她偶尔谈起了台湾画家刘伯农、胡文燕夫妇，是民国以后大陆赴台湾画家吴子深的学生，过些天将在上海刘海粟美术馆开画展，工笔花卉、景物画得精致，也有耐心。

接着，她又谈起当代画家，盛赞张大千的画现在已卖到一亿多了，是自然而然的事。

又述说："前些时，北京故宫博物院借用我和谢（稚柳）老的作品开画展。但他们提出展览以后要留存一些书画，我现在还写得动，还可以画些，但谢老已经不在了，这就难些了。"

陈佩秋老师讲起上海博物馆馆藏的徐熙《雪竹图》的故事说：过去，朱念

上海博物馆藏徐熙《雪竹图》

慈收了好多旧字画，转卖给钱镜塘，又卖出了；张葱玉说从前看到过《雪竹图》这幅画，原来还有一个清代人的添款，后被裁掉了。《雪竹图》这幅画徐熙采用落墨法这一绘画技法，要临摹这样的画，先要钩摹下来，放在下面，用一张纸或绢蒙上去再画，不是随意对着画可以临摹得好的。她表示：临摹宋代画都应该这样认真对待。

陈佩秋老师对我们闲谈起北宋大画家的巨作，真是如数家珍：王晋卿的画，流传至今，有好多幅作品存世，真、赝相互掺杂，但北京故宫博物院藏的《渔村小雪图》必真无疑，上有宋徽宗的题字；谈到宋徽宗，她话锋一转，说金章宗的字与宋徽宗的字可以乱真，所不同的是，书写到“口”字时，徽宗的字往往为方形，而章宗的字多为三角形……

二、往事与回忆

那几位友人请陈佩秋老师鉴定一幅她早些年的《竹林飞鸟图》，陈老师将画轴慢慢打开，看了看，就谦虚地说，这幅画自己觉得不够好，劝来人卖掉。她说，这幅画的竹子交待得不够清楚，接着，又翻出一本自己的画册，选出一幅《墨竹图》，示意说，“墨竹图”的用笔和枝叶表现都比那幅画好些。

过了一会儿，陈佩秋老师又指着先前《竹林飞鸟图》上的落款“健碧”两字解释说："以前自己画画，都是具'陈佩秋'的真实姓名，'文化大革命'时，自己和老画家们都靠边站了，直到1973年，才能再作画，又不太好落真名，就具款'健碧'两字，那是兰花叶子的意思。"她用手一指画面底下的那方朱文印章，说是吴子建刻的，后来敲去一个角。又解释说："也就是从那时起，谢（稚柳）先生仿宋徽宗的落款形式（'天下一人'），最后一个'柳'字作两笔向下的样子。"我想，这样的话语，足可以成为当代画史实录。

陈佩秋老师很健谈，感觉她的精神也随之特好，并且思绪清晰，说起话来有时还很风趣的。

她感叹道："许多年以前，自己和谢老的画以十五元钱一平尺的价格卖掉了，数量还真不少……"

陈佩秋交谈中

陈佩秋在画室

陈老师又随意翻开一本画册，上面有一幅她在辛酉年（1981年）除夕为广州宾馆画的《竹石鸟禽图》，她说：画上面有些色彩是自己日后添加的。回想当年创作这幅画的时候，同去广州宾馆的还有陆俨少、刘旦宅夫妇、陈大羽等人，那是饮食奇缺的时代，吃饭的时候，陈大羽算是例外，比别人多出一条小毛鱼，其他人的桌上只有很少的肉糜。听到这里，在座的人都笑了起来……

三、谈鉴定家和书画家所必备的修养

陈佩秋老师说："读美术史的人要会画画，会画画的人，与不会画的人，写出的文章，他们的理解能力和看法是不一样的。”此诚为大方家之言。

我打开包，取出一幅昔日的写生作品，是云南《玉龙雪山图》景色，请陈老师指教。她做了一个手势，让我把画打开，看后表示：画面布置、树木、屋宇都不错，只是山脉运笔还不够好，还应见皴笔的功力。她随手拿起一本《宋人画册》，还是以宋人的画为范本，举燕文贵的学生屈鼎的一幅山水画为例子，给我讲解山势的运笔。她说屈鼎的山脉、山势画得很好，树木太弯曲，不够自然，还不够好。见我对她的话很理解，对她讲的内容很熟悉，就问："你是学美术史的么？"我回答道："过去曾在文博专业教绘画史，有十多年时间。"然后，她讲解内容时就喜欢对着我说话。

陈佩秋老师又劝导我："画家一定要练字。以北宋苏（轼）、黄（庭坚）、米（芾）、蔡（襄）为例，都可以学习，要用心学；当然，米芾这个人不怎么样，字还是好的。"她表示自己在书法方面是下过大功夫的。

时至中午，客人们都起身告辞了，我也跟着出来，陈老师还特地送到门口。

时2010年10月3日夜，正平周宓记，10月30日定稿。

园林学家陈从周趣谈

已故同济大学园林学家陈从周教授，趣事颇多。首先，要说一下他名字的来源，《论语》:“郁郁乎文哉，吾从周。”由此，他原名郁文，字从周，后以字行。早年毕业于之江大学，长得瘦，个子不高，知识面广博，说话风趣，也有点刻薄。绍兴人，其祖、父辈曾为商贩，家风好读书。据陈先生自述，他喜欢读杂书，好在能够有计划地阅读，除了园林建筑本行业外，陈先生还有许多兴趣，以下我略述几方面。

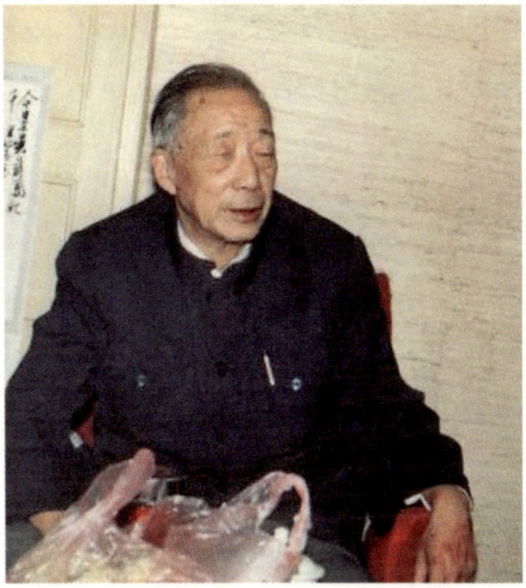

陈从周

一、陈从周的画

从周先生擅画，这是文艺界和熟识他的人共知的。有一次闲谈，笔者偶尔问起他怎么会作画的。他告诉我说，在画画方面有两个老师：第一个是杭州“两浙盐务中学”的胡也衲先生，兼通中西画法，擅北碑书，并成立活动小组，对学生中有书画特长的人特别关照。20世纪20年代，叶浅予等人受他启蒙，记得有一期《朵云》期刊曾登载此事。

第二个就是赫赫有名的张大千先生了。从周先生说：认识张大千是篆刻家方介堪介绍的。当时，张大千见到陈从周一幅临摹石溪的画，很赞赏，就收他为入室弟子，那张画后来送给了方去疾先生。但我又据从周先生的老朋友、复旦大学老校友姚心牧先生回忆说："张大千见到他的画，认为很有才气，是自己主动收他为弟子的。"

从周先生还补充说："取名字要通俗易懂，比如张大千，别人一听就记住了。"

青年时代，陈从周一心想成为画家，还在上海开过个人画展呢！张大千题为"门人陈从周画展"。那时，他的画与张大千的很相像，有近似工笔的仕女、山水之类。

我知道陈先生晚年的画风却具有另一种趣味和追求：他最喜欢画竹子和兰花，而且是墨笔的，很单纯，往往疏疏几笔，表现出俊逸、雅洁的感觉，这正是他的长处，是典型的具有中国士大夫文人内心综合气质的画，当然有所寓意、有所寄托、有所抒发内心的思想情感。尽管他自嘲仅仅是园林建筑学家的画，但他的简笔画是很令人钦佩的，且不会与他人混淆，无需狂怪，淡淡的，也是一种风格。

陈从周画《逸韵谁知》

关于画艺，特别是对于画兰竹，他的体会是："画竹时主枝干要立得住，用笔要挺劲，在这基础上，添加叶子。""画晴竹用墨由深而淡，画雨竹由淡而深，水分不一，效果不同。"

又谓："张大千说画兰花淡叶子最难了。"但我看陈先生画兰花也是叶深花淡。

从周先生画中的湖石，用笔造型圆浑、淳朴，与古园林建筑真是绝妙相配。

除此，他的写意墨荷、葫芦、蕉荫小鸟、水仙、梅花等画也很有韵味，只是兴趣爱好广泛，不愿多作那种费时费劲的画。

陈从周《霜花》

关于好画的标准，从周先生评说："画要看得进去，耐看，让人有玩味留恋的感觉，就是一张好画。"又说："香港、台湾等地的人，以他们的审美观左右画家；作画如果为了讨好别人，画面格调不会清逸。"

每个有成就的画家都有寻找自己契入点的思索与苦恼。从周先生坚持自己的趣味和主张。他有时画完一张水墨画，会突发高论："画，让每个人都喜欢是没有必要的，果真那样，是婊子画的，也很难做到。"可谓语出惊人。

面对别人称赞他的画，陈从周先生有时解嘲说："别人要我的是园林建筑学家的画。"又引京昆剧名演员梁谷音的话："谢伯伯（谢稚柳）画是下海，陈伯伯（指自己）画是票友。"停了一下，又自负地说："票友也有好的，比如俞振飞过去就曾经是票友（俞振飞先生当时为京昆剧的最高权威）。"诸如此类的话还有："红极一时未必流芳百世，流芳百世未必红极一时。"看来他内心是很自重的。

对于画坛风气，他也有自己的看法。某次，家里来了不少客人，闲谈中，陈先生又说道："许多人的画是钞票，我的画是草纸（上海话：钞、草谐音，听起来很有意思）。但大便急了，钞票不能擦，草纸可以擦擦。"讲得一本正经的，在座的人无不笑倒。

喻蘅先生对我说："陈从周喜欢小青年，他画画，爱赠送后生。理由是：年轻人会很崇敬地珍藏着，同辈人随手弃置，不重视的。"这话是有一定道理的，因为我至今精心装裱并收藏着这些字画。

二、当代"绍兴师爷"的个性

陈先生性格中有遗老味，许多人是知晓的：比如住房要底楼，可种植花草，为"得地气"；早点中大饼最好吃，而且要吃咸的大饼。

王蘧常先生是陈从周岳父蒋谨旃的表弟，也是他的老师。按陈从周《随宜集》中自述："自大学时代起，就一直没有中断过师生情谊。"记得1988年6月，王蘧常先生九十寿诞，顾廷龙、苏渊雷、郑逸梅、蔡尚思、周谷城等发起，沪上文坛名流云集，真是好热闹，陈从周当众拜倒磕头。过后，其内侄蒋雨田与我往访，闲谈中问："果有此事？"陈先生提高嗓门答道："真的，那还有假？"我们都很吃惊，躲在一旁偷偷地笑。

从周先生还参加过修缮松江古代园林的工作，据友人林晓明兄亲眼所见、亲口告知：1988年，广富林地区明代陈子龙墓修缮竣工仪式上，陈从周当场跪倒，口称："给五百年前的老祖宗磕头。"当时，在众人眼里，这是很惊人的壮举。

从周先生有很雅致的集联，如："人间词话花间集，月满楼台景满园。"上一句集两本古诗词的书名，下一句描写园林建筑美景，这是我很喜爱的。

有为杭州丝绸厂的集联："天增岁月人增寿，云想衣裳花想容。"把大好时代，美艳衣饰的含义都表达出来了。

还比如劝人做事要堂堂正正的集联有："仰天地正气，法古今完人。"

但从周先生偶尔会挖苦别人，黄仲则有诗句对联："十有九人堪白眼，百无一用是书生。"已是愤世嫉俗了，他改为："十有九输天下事，百无一可眼前人。"真是进一步发展。

有时引旧联："辛苦与人谈时事，不妨听我吹牛皮。"引得众人都笑。

从周先生尝赠我一对嵌字联，上联为："孙逸仙，蒋中正。"下联为："毛泽

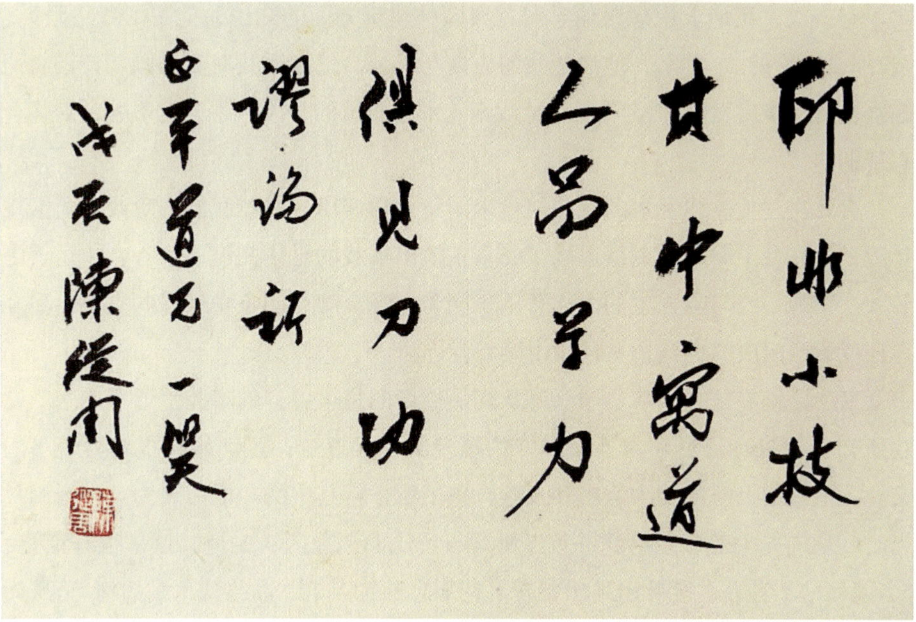

陈从周题词

东，邓小平”。正将我的名字嵌入其中。上面落款为：“周君正平弟属集联。”钤一白文印：“谷音涧山师。”下款为：“庚午春，陈从周。”钤一白一朱两印：“陈从周，阿Q同乡。”那是二十年前的事了，因为内容敏感，装裱后一直没有张挂。

陈从周先生有时谈起话来，既刻薄又滑稽，使人窘迫后又忍俊不禁，带着绍兴师爷的遗风。

曾说：“文采好的女人往往不够漂亮，比如台湾作家三毛。”

对时下人的头衔越来越多，他嘲弄道：“名片就是明骗，片子就是骗子。”

又一次，其内侄蒋雨田持扇面请他为友人作画。陈先生写竹一枝，稍稍停顿，在扇的右侧题句：“板桥画竹爱骂人，余也爱骂人。”我们看了都不住地发笑，他白了一眼，在左侧又题：“从今往后不骂人。”大家越发笑了，确实写得有趣，但他日后始终未能改掉骂人的习惯。

三、陈从周与戏剧

陈从周先生热衷于京、昆戏剧。

有一次，我请求说想跟他学习古典园林建筑方面的知识，他睨了我一眼说："没那么简单的。"看来，他清楚我的短处与长处。他知道我对于书画、诗词有所知晓，进一步启发说："欣赏京、昆戏剧艺术，演员的身段、手姿、唱腔，对你会有帮助的。"

有几次，他邀请上海的戏曲演员来同济大学演出，并拉我同去听戏。俞振飞年迈，只在台上略站片刻就退场了，真正演出唱戏的是华文漪、梁谷音、岳美缇等人。某晚，我与陈先生的内侄蒋雨田同坐在观众席，印象中最深的是一出潘金莲还魂缠西门庆的鬼戏，女旦角由梁谷音饰演。

京、昆剧界这么多演员中，陈从周最捧场的是梁谷音的唱腔，近乎迷恋。就我所知：他将自己早年留下来最好的画多给了梁谷音，还劝她在报端写短小的文章。他修缮上海豫园大假山和长廊，完工后，将其中的一段命名为"谷音涧"。当时，从周先生曾抄录给我一首《听梁谷音昆曲于豫园》的诗，读来很有雅韵："名园何处不宜人，脉脉山泉出谷音。花下忘归犹点笔，曲终似水鬓边清。"从周先生日后画磐石兰竹，常以此为题材，他给我画的一幅"谷音涧来风自香"的横长水墨画卷，是我最为喜爱的。

许多名人好客，这话对陈从周先生来说确实是不假的。双休日时，他的家里往往像茶馆似的，高朋满座，众人每每听其高谈阔论。末了，陈先生经常要亲自将客人送到门口。有一次，我诧异地问其何以如此，他告诉我说："过去，梅兰芳送客要到看不见人的身影才回屋……"

附：陈从周谈艺文掌故

——娱信书屋日记随笔节选

1988年3月27日（星期日，阴雨）

陈从周用印

下午2:30，如约至喻蘅先生家，始有细雨。

下午3:30稍过，跟随喻蘅先生来到陈从周先生家。

陈、喻两先生相遇甚欢，言语间每以诗文酬答。

陈先生："我平素喜做打油诗，出口成句，不受拘束。"

陈先生对笔者说："我不刻印的，说些话仅与你参考。"然后，郑重其事说："刻印要有腕力，腕力不够者只能求柔，但柔易而刚难，少年时柔者晚年必不能刚，少年时刚者以后求柔也易，吴昌硕、黄士陵、乔大壮、易大厂数家腕力刚劲过人，值得借鉴……"

又例举古往今来的好句子："信步园林，以诗酒自适；小颓风范，而丘壑独存。"

然后对我说："诗要有意境，书画艺术也要有意境，印章虽小，方寸之内要表达出意境；有些作品生来就俗，这同人的修养有关，靠以后强求改变也是很难办到的。"

1989年8月13日（星期日，晴）

陈先生："丁辅之每到有人请他鉴别书画真伪，若逢赝品，常说老花眼镜未戴，以此避免直言。"

"俞振飞的四王风格山水画极精妙，过去，张大壮多为其代笔。"

我问起陈先生的师承问题，他说："认识张大千是方介堪介绍的，方是赵叔孺的学生，赵先生那里自己也去过。”

1989年10月21日（星期六，晴）

陈从周先生告诉笔者：40年代起，自己就是西泠印社的老社员了，但并不治印，论及印章说：“齐白石真聪明，吴昌硕学石鼓文成家数，齐白石自知不及，取秦权文字，取方形的结字方式，他是木匠出身，用刀直，与秦权刻法相通。”

“陈巨来治印，满白、元朱文称绝，但只可称能品中最好者，人事已极，用功是非常的；王福厂、赵叔孺皆能品。”

“吴昌硕、邓石如古朴，可得神品；赵之谦印外求印，也称神品。”我问吴熙载如何？答：“妙品，熙载较之完白纤媚。”

论及书画，陈先生自认为属于逸品。

对我学画，陈先生提出：“少年靠才气，中年要功力，晚年集大成。”并解释说：“少年时学画要有才气，中年要下苦功夫学习，不断观摹，到了晚年可以寻求自己。如果刚学艺就想变，里面没有内涵，不耐看，必定肤浅。”

“要画外求画，好画都耐看，细看无味算不得好画。”

又说：“好的作品都耐看，犹如文章。”

我提起沈从文来，陈先生说：“沈从文、朱自清、俞平伯和我的文章，都属淡雅风格的。”

对我说如何欣赏昆剧：“昆剧是一门综合艺术，里面有表情、有动态，有诗词，有园林，把这些融汇到你的艺术中，将会使你的艺术更耐看。”

1989年11月20日（星期一，晴）

陈从周先生说：“做官、学艺都要沉得住气。”

笔者询问其故？陈先生说：“比如刻印和画画，规模初具后，先搁置一边，待些时日看看是否需加工，有时甚至觉得非加工不可，要沉得住气，再等等，往往是等自己冷静下来后才觉得，不一定完全要加工，这样，画面就不会太粘。”

又谈到艺术中的气：“画画、刻印，都要有气，画面没有气，笔墨就像摆上去的，刻印没有气，字就像雕出来的。”

“真正的艺术家是很少的，比如画画，有些人靠祖宗的画风名气吃饭，有些人靠老师的画风名气吃饭，都是些工艺品。”

“艺术家的作品不要太多，作品未必大就好，往往是小的作品比大的更耐看；造园也是如此，小园往往比大园难造，有些大的画就好像有些大园，粗看很吓人，仔细一看，里面都是荒草杂树，没有什么可观赏的。”

“好的艺术品应耐看，就是说能经受得起时间的考验。”

关于文人字画：

“至少有一点好，文人的题句，可以作为文史考据资料。”

关于名望：

“名誉从某些方面说是注定的。”

“人要独往独来，并不是每个社交圈都应该挤进去的，有些圈子反而不可以进入。”

“年青人即使不能作诗，也要读诗，这样有益于提高艺术境界。”

1990年4月22日（星期天，阴，时雨）

陈从周先生讲到古典园林建筑，说当以文人士大夫的造园方式为准则，激动时，说以后要去做和尚了，我惊问何故？陈先生说：“人要有宗教寄托！”又发牢骚：“有人讲，京剧唱到梅兰芳，昆剧演到俞振飞，画画画到张大千，造园造到陈从周……”

1990年6月17日（星期天，阴，转晴）

陈从周先生述说：“张大千真是个老江湖，他可以看谁喜欢什么画种画什么样的画，国民党里多少人被他马屁拍进……还有梅兰芳也如此。”

“过去拜老师，学生自立门户时，都要由老师写招牌的。如：某医生独立时由老师送匾；我陈从周1948年办展览，张大千为题：门人陈从周画展。”

“张大千对于学生临摹自己的作品，说都是复制品，对于自己的假画越多，他越高兴……”

“现在他的弟子多被他笼罩住了，但我陈从周没被他罩住……”

“我画的竹子、兰花之类的，并不是为了让每个人喜欢。”

又说：“现在的画格调为什么不清？关键是在脑子里的想法，是想做艺术家还是资本家？不想做资本家就好了……只要好，以后自然有人会注意的。”

“吴昌硕的字为什么厚？油烟墨磨过再加松烟墨磨。”

“王福厂送客总要到后门，梅兰芳送客要到看不见人影才回来。”

1990 年 8 月 19 日（星期天，晴）

陈从周先生说：“前些天学校有人找来说要为我写传记……我不要人写传记，我的文集就是传记。”

“我的文章最主要清新二字，我不是作家，写的文章之所以不空洞、有含义，主要是这几年残酷现实的写照，我的文学主要还是园林文学。”

“俞平伯一句话对我评价得好，说园林加昆剧是我的发明，所以，梁谷音、岳美堤等人学我写文章。”

我问陈先生文章的来源。

回答说：“受俞平伯、朱自清、徐志摩的影响最大。”

“俞平伯是我的老友，朱自清是俞平伯的挚友，徐志摩是我的亲戚，我为他写过年谱。”

我又问：“是否受沈从文的影响？”

答：“没有，沈从文和他们有些不一样，倒是有些受郁达夫影响。”

然后又说：“写文章的方法也像造园一样，叫做有法而无式……法则都要有的，但不可有公式安排。”

1990 年 9 月 8 日（星期六，晴）

讲到近日《文汇报》刊登豫园“春风得意楼”的诗，陈从周先生回忆：“那里曾经被附近的居民们乱摆设，卖烧饼的、养鸟的、乱七八糟的，50年代末，与人一起去清除了，就是如今的玉玲珑前玉华堂所在地。”

陈先生又回忆：“过去，赵次闲、胡菊邻的印章被磨去很多，当时的旧货摊上很多，不稀奇的。”

1990 年 9 月 30 日（星期天，晴）

陈从周先生对我讲如何写文章：

“写考证文章要真实，单凭外调（外面调查）是不够的，因为口头述说的，时间长了都会出差错，一定要看本人的文章。

“写文章要了解事物的体、势、态，甚至要让人看出作者是学什么出身的，文章中有文言，总体就显得简洁，过去的八股文也是有一定道理的。

“以前考进士，录取时必有一关，为殿试，殿试的主要目的是什么？为了看面相……

“学文科的人，应该会写七绝诗。”

又说：

“刻印者要考《说文解字》，写篆字；画画的人也要考写字，中国画，线条不过关不行。

“刻印要有力度，就好比是唱戏，嗓子吊不出只能以花腔；画画写字也是这样，线条中有些波动目的是为了转笔。

“再讲刻印，有些印章印面好看而打出来不好看，有些印面不好看而打出来好看，陈巨来的印面看看不怎么样，打出来极细极健。”

话锋一转又说：“陈巨来为什么叫巨来？因为他多为钱庄刻印，巨来意味着钱多流进来；陈巨来有亲戚名叫钱罕，字太希，擅书法，但没有人请他写招牌，名字不吉利！

“王福庵多为北洋军阀刻书斋印，所以叫福庵。

“张大千的名字，大千两字人人记得住。

“张大千说：齐白石的画幅再大，也凿得下笔。

“张大千还说：徐悲鸿的马画得好，但四只脚中总有一只放不好。”

“吴待秋说：张善孖画俗，张大千画薄，不俗不薄是我吴待秋。”陈先生笑了笑接着说，“都是有些道理的。”

自称：“说到当今的园林建筑史，当然有我的。”

又说：“兰花是在山谷里闷出来的，在山顶上是要被风吹坏的。”内中含义极深。

1991 年 1 月 4 日（星期六，晴）

我拿出近来的画，陈先生看后说："作画时不要怕纸被笔戳破，用笔要结实些。"

1991 年 2 月

陈从周先生见我所画之竹，谓学石涛，然后相告："画竹子，杆、枝发不好，叶子没法有生在上面的感觉；石涛画竹，由淡而深，水墨淋漓，此画家妙笔；郑板桥之竹，以书家作画，故嫌干硬……"

陈从周收藏印

张燕昌为钱载治印

诗人蒋启霆先生，号雨田，是浙江海宁著名藏书家西涧草堂主人蒋寅昉先生的四世孙。因他的姑母蒋定嫁给园林学家陈从周，所以，尽管他仅与陈先生相差数岁，也就自然而然地成了陈从周的内侄。凡研习明清私家藏书的学者都深谙海宁蒋氏家族。蒋先生箧中有一方古印，是清代中期的金石学家张燕昌为钱载所刻的。

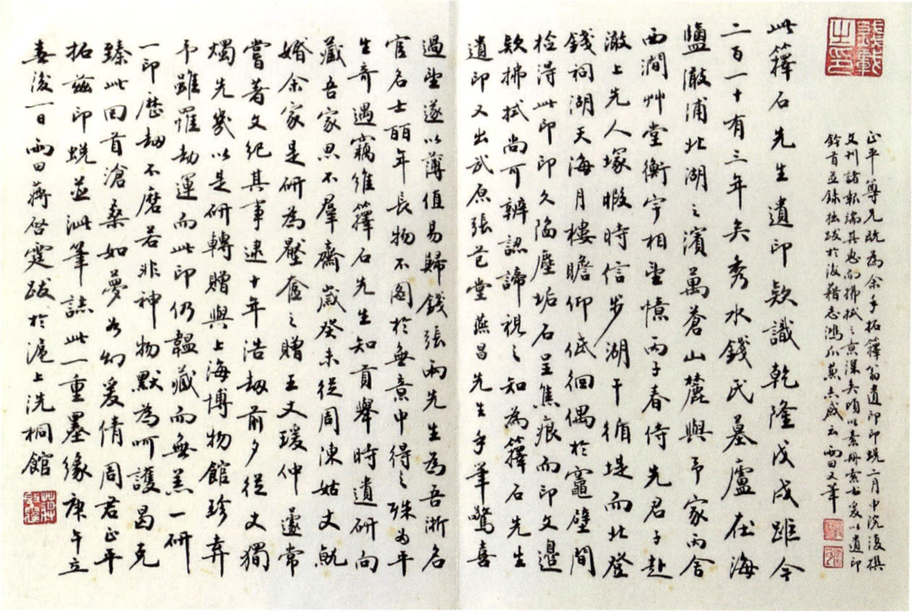
此篛石先生遺印款識乾隆戊戌距今二百一十有三年矣秀水钱氏墓廬在海鹽澉浦北湖之濱萬蒼山麓與予家兩舍西澗艸堂衡宇相望憶丙子春侍先君子赴澉上先人塚暇時信步湖干循堤而北登钱祠湖天海月樓瞻仰低徊偶於竈壁間拾得此印印久陷塵垢石呈焦痕而印文邊款拂拭尚可辨認諦視之知為篛石先生遺印又出武原張芑堂燕昌先生手筆驚喜過望遂以薄值易歸钱張兩先生為吾浙名宦名士皕年長物不圖於無意中得之殊為平生奇遇竊維篛石先生知貢舉時遺研向藏吾家思不羣齋歲癸未從周陳姑丈既婚余家是研為壓奩之贈王文璞仲遷常嘗著文紀其事遠十年浩劫前夕從丈獨矚先姿以是研轉贈與上海博物館珍弃十雖罹劫運而此印仍韞藏而無恙一研一印歷劫不磨若非神物默為呵護曷克臻此回首滄桑如夢如幻爰倩周君正平拓茲印蛻並泚筆誌此一重墨緣庚午立春後一日雨田蔣啓霆跋於滬上洗桐館

正平尊兄既為余手拓篛翁遺印印蛻二月中浣復棋文刊諸報端其忠而拂拭之意深矣喟以素冊索书爰以遺印鈐首並錄拙跋於後藉志鴻爪兼志感云 雨田又筆

蒋雨田书册页

钱载之印

张燕昌字芑堂，号文鱼，又作文渔。海盐人。篆刻得浙派创始人丁敬的传授。印主人钱载，字坤一，号萚石，又号瓠尊，晚号万松居士，擅画，秀水人。秀水即今嘉兴，距海盐极近。

这方印2.8厘米见方，印长8厘米，印文三白一朱，作“钱载之印”四字，从风格上看，近于仿汉，古雅而含蓄。印侧款文记载："曾见皇十一子为萚石先生篆刻，苍秀绝伦，洵非凡笔，今先生复命昌作此，愧不能步趋万一也。乾隆戊戌秋日，张燕昌志。”据此内容，并结合《清史稿·皇子世表五》：乾隆皇帝的第十一个儿子永瑆已为钱载镌成一印，张燕昌刻这方印是在乾隆四十三年（1778年）秋天。这年，钱载整七十岁，张燕昌也正巧四十岁，镌刻时很有可能是带有祝寿性质的，只可惜皇子永瑆的印作今已不知去向。钱载于乾隆十七年（1752年）就已进士及第，以后官至礼部侍郎，对于这位较显赫的前辈，张燕昌所刻必定是用心的，从作品看，也正是如此。

（1990年2月11日《新民晚报》）

颜文樑的苏州美专和上海校区

2014年4月至5月，笔者根据曹有成、陈士宏、陈徵三位老画家当年就读苏州美术专科学校（简称“苏州美专”）和上海校区（沪校）的回忆，笔录整理出了这篇内容值得后人关注的文章。

一、曹有成回忆苏州美专

曹有成，1929年生，祖籍无锡（今无锡、常州交界处）。17岁至19岁时，即1947年秋至1949年夏，考入苏州沧浪亭畔的“苏州美术专科学校”（简称“苏州美专”），学习两年。1950年，去杭州国立艺专求学。

回忆苏州美专全盛期：

1922年7月，颜文樑与胡粹中、朱士杰、顾仲华、程少川创办苏州美术暑期学校，地址在海红坊苏州律师公会会所，这就是办学之始。

1922年9月，改称苏州美术学校。

颜文樑、胡粹中、朱士杰三人是最好的搭档。

还有黄觉寺，是第一届学生，后留学法国，毕业于巴黎美专，带回许多写实的法国人画。曾编《素描画摘要》，作为当时的教材，他也是颜文樑的直接助手，西洋画的最主要力量，上课时多介绍印象派。

1927年，苏州首富吴子深出资办学，出任校董，建设新校舍。

颜文樑（中）

1932年，苏州沧浪亭旁新校落成，采用希腊式列柱拱廊，还有从法国带回的近五百尊石膏像，可谓全国美专之冠。10月，正式定名为“苏州美术专科学校”。

曹有成在学时，苏州美专教室地面是小条子柚木地板，每年有校庆活动，朱士杰亲自敲八音铜钟。

曹有成油画沧浪亭情怀

曹有成回忆：当时苏州美专的授课教师有：

孙文林，江阴人，擅长水彩画，素描极好。

陆国英，女油画家，为曹有成在苏州美专第一个素描老师，后与油画家徐近慧结为夫妇。

朱士杰，教美术设计课，为粗笔素描，但没有教过曹有成。

吴子深胞弟吴似兰教花卉，不画鸟，为曹有成上过课，他为漂亮女同学们画了很多稿子，吴似兰之妻舞跳得好，后来转嫁贺天健。

凌立如，擅长岭南派花鸟画。

朱竹筠和钱定一（当时就用此名）都教山水画。

20世纪50年代初，全国高校院系调整之时，苏州美专合并入“华东美术专科学校”（简称“华东艺专”），先迁到无锡社桥头。50年代后期，再迁到南京。

回忆颜文樑先生：

颜文樑之父颜元（1860—1934），苏州人，字纯生，号半聋居士，早年师事任伯年，擅画人物，是吴昌硕的好友。

颜文樑幼时曾随父亲学习中国花鸟画，少年时见到西洋画，极喜爱，初自学，以后来到上海商务印书馆，跟随一日本人学西画。

1927年秋，颜文樑与徐悲鸿相识，相处极好。徐悲鸿处事严谨，介绍颜文樑到法国学画。

后来，颜文樑的一位学生第一个进入巴黎美术学院。

颜文樑与林风眠相识，两人性格都很温和，交往也很好。

20世纪50年代以后，颜先生住在上方花园，身边有一养子，还有一养孙女，也同住在此。他始终只有一位夫人，年轻时很漂亮，小脚。

颜先生晚年时客厅内堆满书籍和画册，还有经常翻看的小玩件，他主张房间和卧室光线不要太亮。

颜先生喜欢收藏西洋古典的小古董，女肖像油画、西洋家具、古钟、地球仪等，其兴趣影响了沈柔坚、吕蒙、涂克，50年代时，他们常到淮海路寄售商店淘旧古董。

大约1983年，浙江美院校庆时，颜文樑先生90岁，所有老师都尊称他为

"颜老夫子"，赞誉他为"画代楷模"。

颜先生与学生的关系极好，写生时带学生一起前往，多数是陈士宏、陈徵等人陪同（曹有成说自己并没有一起去过，告诉笔者说：颜先生与陈士宏的通信很多，应该细看研究）。

颜先生不知不觉受到印象派的影响，自言：每张油画写生，需按原钟点、原天气，到原地点，要进行三次。又曾讲："我越画越细，好像过分细致了，年轻时用笔反而较爽快。"

故而，学生们回家后，有时觉得已经是最好的效果了，就把画藏了，不让他进行下去，就是说不一定需要进行三次写生……

颜先生不主张太大的画幅，小的画里用笔很巧妙，有内涵，他最好的作品是一套小幅油画。

颜文樑画虎丘

1982年7月颜文樑画展合影

颜先生认为：大师不是随便叫叫的，要经过历史的考验，他生前不愿意接受大师的称呼。

二、陈士宏回忆苏州美专上海校区

陈士宏，1917年生，常州市城中心浮桥头人（后改名东大街）。少时喜绘画，十多岁（20世纪20年代末）到上海找工作，在广告公司做练习生（学徒）学画。1937年，抗日战争全面爆发后到重庆。一年后（1938年）回上海，住在张家宅（即今北京西路、泰兴路附近）。1938年秋至1941年夏，进入苏州美专上海校区学习。毕业后，长期与颜文樑先生有交往。

陈士宏之妻汪惟馨，也是苏州美专上海校区的同学。年少其五岁，浙江杭州人。1939年考入苏州美专上海校区，起先不喜欢画，颜先生对她说要与用功的同学接近，后来也画得很好（陈士宏与汪惟馨相识十年，于1948年结婚）。

陈士宏、汪惟馨夫妇

关于苏州美专上海校区校址：

抗日战争全面爆发后，苏州美专于1938年春避难到上海，最初在上海的校址是卡德路（今石门二路，王家沙附近）一小学校内。

仅过了一学期，至1938年秋（陈士宏此时进校），苏州美专上海校区从王家沙附近一小学校内迁至爱都路（即今四川中路33号，与延安东路交界处），企业大楼七楼的一大统间。

企业大楼共八层楼带电梯，当时的房东是刘鸿生。七楼电梯出来，有一个大统间（大教室），西面的窗，能看到跑马厅，也能听到钟声。

每周两天，不分年级一起上大课，学生有四十多人。具体上课形式是法国式的，更像是辅导性质的，学生们画，老师辅导或动手修改。

每学期结束时，将学生的绘画作品分类：好的在前，差的在后，不论班级排次序，让所有教师来评成绩，第一名95分，最后一名60分，没有不及格的。

从第二学期始，陈士宏成绩名列第一，每学期都是95分，其中还有一次96分。颜文樑先生曾想派送陈士宏、汪惟馨前往法国留学，皆因经济条件限制未能成行。

1941年秋，陈士宏毕业，颜文樑先生请其代素描课（当时素描、油画不分科）。

1941年底，蒋仁（时任重庆国立艺专教务处主任）写信来表示：上海想去的人都可以享受公费待遇。陈士宏决定去重庆，颜先生其实心里不愿意他离开，但性情温和，不加阻止。

1942年，陈士宏等五人结伴同行，费时7个多月，辗转到了重庆……

1945年，抗战胜利，陈士宏自重庆国立艺专写信给颜先生，请求介绍工作，颜先生复信表示：苏州美专苏州地区已复校，企业大楼上海校区也要保留，“苏、沪两地，均愿与兄合作”。

1946年5月，陈士宏从重庆回到上海。

苏州美专已在苏州原校址复校。约1947年，颜先生邀请陈士宏长住苏州，任校长秘书，主张年轻人治校，同时作为美专教师，教素描。但陈士宏不愿长期留在苏州，每周只去一次，后来就不去了！

吴子深山水画

关于苏州美专上海校区的师资情况：

当时只有油画、色彩学、透视学课，没有水彩画和水粉画课，颜文樑先生亲自讲解和示范油画，还有素描。

李泳森是苏州美专上海校区的副校长，是颜文樑先生的友人，其实不来上课的。

其他西画教师有黄觉寺、朱士杰（素描）、蒋仁（素描），还有费成武，原为南京中央大学美术系教师，也教素描，后来去了英国……

国画教师有：吴子深之弟吴秉彝，教花卉……

关于吴子深先生：

吴华源又名吴子深，曾为苏州首富。

1932年始，出资成为苏州美专在沧浪亭新址的校董。

但他从未在苏州美专上海校区上课。

约1938年，吴子深在西藏路“晋隆饭店”举办画展，颜文樑约陈士宏等同学去布置，始见吴子深，其妻满身珠光宝气……

每周四，颜文樑到威海路吴子深府上讲透视学，吴躺在鸦片榻上，听其透视学理论。

陈士宏回忆说：自己正式到吴家只有一次，吴子深先生让他呼其妻为“师母”，但看到她珠光宝气的样子，心里很不情愿。

关于颜文樑先生：

为维持苏州美专上海校区的生计，颜文樑先生之画，主要有沪江大学范教授来购买，有时，范教授也代别人来购买，略似中间商。

颜文樑先生尽管用于作画的时间很紧迫，但认为一定要有画得满意的作品才可以卖出去。

回想起来：陈士宏在苏州美专上海校区学习时，颜文樑先生也常住在上海。具体地址在老唐家弄（即今浙江路桥北面），是其妹夫家，颜先生居住厢房内。

约20世纪50年代初，移居上方花园，地址为：上海淮海中路1273弄17号，颜先生有一养子为苏州人颜振康，孙女颜清诚为基督徒，还有一养女。

颜先生作画极讲究透视学，出去写生时，一般要画四五次，至少也需要画三四次。颜先生写生画康健园时，陈士宏在一边陪同。

50年代初，全国高校院系调整，苏州美专最终被合并：苏州美专、上海美专、山东大学艺术系合并到无锡，成立“华东艺术专科学校”，刘海粟任校长。1958年后，迁到南京丁家桥。

颜文樑调入杭州“中央美术学院华东分院”（即后来的“杭州美术学院”，又发展为“浙江美术学院”），任第一副院长（几乎不去），刘开渠任院长。

1952年，苏州美专合并以后，颜文樑先生开始信奉基督教，俗称耶稣教，非常虔诚。

颜文樑先生性情特别温和，待人客气有礼貌，对不同的艺术风格也主张宽容与包容，故“文化大革命”时没有受到较大的冲击。

《厨房》

关于颜文樑先生油画《厨房》：

颜文樑先生曾口述：早年，《厨房》一画投稿万国博览会，欲参展，但没有被录取。后来带此画（还有其他画）到法国，经徐悲鸿介绍见达仰·布弗莱。达仰说：《厨房》画得好，但其中的人画得不够好。达仰在家里没有条件教学生，就介绍颜去美术学院，跟随比爱尔·罗朗斯学画。

《厨房》是中国人在法国最早得奖的作品（荣誉奖），记得有一法文金质的奖牌，还有奖状。

颜文樑先生平生，《厨房》一画从不离身，曾两次请陈士宏临摹其原作：

第一次于20世纪30年代末，陈士宏在苏州美专上海校区学习期间，颜先生要他将《厨房》原作带回家临摹。事后，将徐悲鸿送的一本画册转赠与他（内容关于铜版画），"文化大革命"时此画册遗失。

第二次是1982年夏，陈士宏当时在北京"科学教育电影制片厂"工作，颜先生九十岁，要他将《厨房》原作带到北京临摹。一个多月时间，画成，委托夫人汪惟馨将原作与临摹的画带回上海颜先生家中。

陈士宏觉得：现苏州"颜文樑纪念馆"中的《厨房》是自己临摹的画。

三、陈徵谈苏州美专校友会

陈徵摄于苏州美专校址前

颜文樑原任苏州美专校友会理事长（即会长），陈徵任组织秘书。颜文樑先生故世后，陈徵接任理事长。

陈徵，1925年生，祖籍江苏江阴。父亲陈秋农为杭州之江大学教授，母亲姓夏。幼时在苏州长大，在杭州读小学，在宁波的姐姐家读高中，抗战胜利后回到上海。1947年9月—1950年7月，就读于苏州美专上海校区，与李泳森之女李娟春（学国画）成为同学。在校期间及毕业后，经常陪同颜文樑先生去苏州。

苏州美专校友会最初成立于1945年抗战胜利后：

1946年7月6日，苏州美专上海校区丁光燮、李泳森等人发起，在上海威海路“新生俱乐部”召开成立大会。

1979年6月，苏州美专校友会建国后第一届画展，由颜文樑先生题字，定名“沧浪画展”，在上海市青年宫展出（有上海展出展品目录）。同年夏天，转到苏州展览。

1982年夏，颜文樑先生九十岁，其时校友会活动最兴盛，众学生请求祝寿，颜先生起初婉谢，后在东风饭店聚集。

1982年7月9日，“颜文樑画展”在上海美术馆展出，具体地址在南京西路“仙乐轩舞厅”前，上海杂技场隔壁。

苏州美专校友会上海有总会，苏州、杭州、南京、北京、广州等各地有分会。

曹有成回忆早期的美术教育

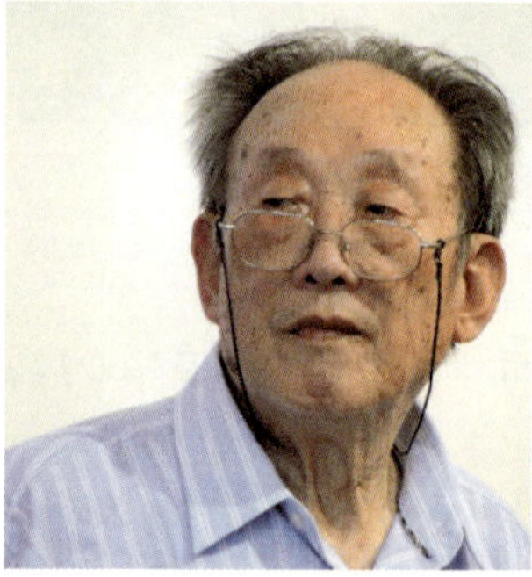

油画家曹有成

油画家曹有成，1929年生，祖籍无锡，确切地说是无锡、常州交界处人，老家富安乡界沟桥，北侧属无锡，南侧属常州。他的父亲是一位中西医结合的儿科医生。印象中，父亲经常骑马出诊，忙碌的时候，有两匹马相互更替使用，还将病人接到家里来观察医治。曹有成原本有一姐姐，可惜很早就亡故了，所以，他就成了家里的独子，人长得高高大大的。

一、回忆苏州美术专科学校（简称“苏州美专”）

1947年秋—1949年夏，曹有成中学毕业后，考入苏州沧浪亭畔的“苏州美术专科学校”就读两年，以后成了著名油画家颜文樑校长的弟子。

曹有成回忆：当初苏州美专的授课教师有：孙文林（擅长水彩和素描）、陆国英（女油画家）、徐近慧（擅长油画）、吴似兰（擅画花卉）、凌立如（擅画岭南派花鸟），朱竹筠和钱定一都善画山水……

印象中，颜文樑校长与徐悲鸿先生相处特好。徐悲鸿先到法国留学，颜文樑后去，徐介绍颜进入达仰老师的画室。

颜文樑认为绘画是愉悦身心的事！经常说：“大家喜欢我的画，我也很开心地画。”在这方面，曹有成受颜先生启发，也奠定了一生从事油画创作的道路。

20世纪50年代以来，颜文樑先生定居淮海路“上方花园”的底楼（二楼是越剧名演员袁雪芬的住处），园内草木繁盛，还有几只家猫。

曹有成时常前往请教，颜先生性情好客，讲解色彩学原理，还有油画技艺中的厚画法，作画时笔触如何运用得厚厚薄薄……

二、回忆国立艺术专科学校（浙江美术学院，中国美术学院前身）

1949年夏，曹有成考入杭州国立艺术专科学校（简称“国立艺专”），当时，国立艺专的教师有原延安鲁迅艺术学院和苏北鲁迅艺术学院的一些人。如：江丰（党委书记）、莫朴（与吕蒙、沈柔坚原为新四军同事）、刘开渠（民主党派）、古原（版画家）、彦函（版画家，朱膺同班同学，杭州毕业）……

1949—1952年，曹有成在杭州国立艺专学习时，党委书记江丰，教西洋美术史，此人对学生特关心；院长刘开渠，副院长莫朴（想竞选院长的人还有倪贻德，原为共产党地下党员，夫妇俩同时参加工作），还有教务长庞熏琹。

这时的国立艺专一个班只有十多个学生。

因国内战争刚结束，生源奇缺，曹有成本人作为插班生进校，全班共17人，只有3位女生。

当时的校风，原先画国画的学生多改油画了。

绘画出色的学生如：周仓谷、李臻坚、方增先、顾生岳等，这些人的基本功都好，速写能力特好，以后留校做了教师，校方一定要他们专攻国画现代人物，培养现代人物画师资力量。

学生时代，曹有成与方增先等人为同一时期的同学。

方增先妻卢祺辉，也是杭州国立艺专（后称“中央美术学院华东分院”）毕业的，是年龄最小的女同学，日后任上海“老美专”（华东政法学院韬奋楼内）雕塑系教师，又与曹同事。

肖峰与方增先两人是同届同学。

顾生岳与曹有成是同班同学。顾年长曹两岁，他原先有小学教师的经历，看问题较深刻，善画人物，日后留校，历任中国画系主任、教授，浙江画院副院长，杭州市美协主席。

章永浩是不同班的同学。

于长拱与曹有成是苏州美专的同班同学，日后也是杭州国立艺专毕业的。

韩和平进校比曹有成晚一年（日后同在上海地区的华东人民美术出版社工作时，曹有成曾与韩和平同寝室）。

陈佩秋当时也在杭州国立艺专读书，年轻漂亮。1950年毕业后没离校，再学一年。1951年分到上海。

曹有成回忆：有一年校庆时，还特请来了著名诗人艾青。艾青早先是倾向共产党的青年，原也是国立艺专的学生，在林风眠当校长时被开除学籍，后致力文学，成了诗人。他作为校友来访，见了林风眠，口称老师，林面露窘色……

回想在杭州国立艺专学习期间，最时髦的事情就是“闹革命”了。

这时，蒋介石的残余军队正在浙江山区打游击，学生们也参与“剿匪反霸”的活动，并推行土地改革，分地分田，这些都是当时的首要任务。曹有成去了萧山，参加当地的具体“土改”工作……

1950年，杭州“国立艺术专科学校”改名为“中央美术学院华东分院”（“中央美术学院”总校在北京）。

上海老美专旧址

1952年上半年，抗美援朝运动兴起，曹有成报名参军，因为是毕业班的学生，没有被批准。

1952年8月，被统一分配到上海地区的华东人民美术出版社。

曹有成属于解放后第二次统一分配的第三批毕业生。

回想起来：1950年，第一批毕业生没有统一分配工作制度；1951年，第二批毕业生为试行分配工作；1952年，国家正式实行统一分配工作制度，具体做得很仔细，国家对每个人都有一张表格，事后还跟踪征求意见，对分配的满意度、专业对口情况等都有所登记。

三、回忆上海美术专科学校

上海美术专科学校，简称“上海美专”，现上海大学美术学院前身。

20世纪50年代末，华东文化部部长徐平羽决定在上海成立美术学校。

1959年始，“上海美术专科学校”筹备挂牌，最初借在幸福村附近的一所中学内，有学生们提出请曹有成先生来做教师，但上海人民美术出版社不放曹离职。直到1963年夏，丁浩才将曹有成等人调入上海美术专科学校（现华东政法学院韬奋楼为其旧址）。

同时分来的还有唐云、邵洛羊、行政人员汤重严（原新四军侦察兵，好枪法）。

上海美术专科学校第一任校长是沈子瑜，丁浩是副校长、具体筹办人。

教师有：

雕塑系：张充仁、王大进、陈道坦。

油画系：沈帆（漫画家、系主任）、周碧初、俞云阶（当时为“右派”，与曹同乡，极友好）、吴大羽、孟光、许立民。

国画系：唐云（花鸟）、江寒汀（花鸟）、应野平（山水）、俞子才（山水）、郑慕康（人物）、乔木（花鸟类样样会画）。上国画课时气氛特热闹，丁浩曾请乔木为曹有成画一本12幅册页。

还有书法老师白蕉。

记得来兼课的教师有颜文樑、谢之光、程十发。邱绶成属行政人员。

曹有成是中专部（当时叫预科）负责人，与章永浩（当时为“右派”）同事，曾一起教素描课。章雕塑、曹油画，两人在杭州时就是不同班的同学。

办公室里共有四人：章永浩、曹有成、于亚文（后调回苏北）、邵洛羊。前三人都是预科教师，邵洛羊是搞文学的，教理论，先后毕业于上海新华艺专国画系、光华大学（大夏大学）文史专业。

曹有成觉得大部分人都是昔日的同学和同事，故和善相处。

应野平对饮食较讲究，其夫人擅厨艺，做得一手好菜。约1963年，有一个星期天，应野平约同事们来家聚餐，唐云也来了，带着一坛成年花雕酒，唐云在食物方面不挑剔，但好饮。饭后，众人请唐云作画，应野平说："老唐，动手了。"来的有张隆基、孟光、丁浩、俞云阶、曹有成，每人得一张画，皆大欢喜。

说到唐云，印象中有极好的人缘，他喜欢朋友，不管年长年少、僧人世人，皆有往来，学生们呈以宣纸，唐云用铅笔在边侧记下姓名，回家画成。唐云往来密切的教师有应野平、周碧初、俞云阶、丁浩等人。

曹有成获得唐云的那张画内容是春天里的竹子和新笋，竹叶向下，画上题诗句："一夜风雨长笋茂"，回家路上大雨倾盆，曹立将宣纸画折叠成小方块藏护于腰间。（"文化大革命"初，曹听说上海音乐学院每个教师的家都被抄了，心生恐惧，回家就将唐云的画撕了。）

约1965年，上海美术专科学校的部分教师逐渐归到油雕室和画院编制。

上海美术专科学校（曹有成称之为"老美专"）一个班约有20个学生，应野平曾寄希望魏景山（油画家）日后致力于国画创作。毕业的出色学生还有陈逸飞、邱瑞敏、夏葆元、凌启宁（女）、李醉、万福堂、唐逸览、杨正新、吴玉梅（女）等人。陈逸飞回国后，第一次在上海博物馆开画展时，曾三次寄请柬给曹有成先生（担心曹老师收不到）。

曹有成先生也回忆自己的绘画道路：成名作是1959年创作的表现炼钢工人形象的油画《饮》，与张隆基同年画的《配电工》，两张画在当时有较大的社会影响。

18岁时考入苏州美专，最初也喜欢画中国画、写书法；大约二年级的时候，见到伦勃朗的油画《戴金盔的人》，很受震撼，觉得西方油画不同于国画，竟然能如此表达出具体人物的质感，立志以后一定要走油画创作的道路。

考入杭州国立艺专后，受江丰、莫朴等老师的启发。

应该说，曹有成的油画受印象派影响多些，还喜欢油画家如哈尔斯、康斯太勃尔、透纳、伦勃朗、鲁本斯、安格尔、科罗，特别是科罗画中的诗意，非常感

曹有成油画《今日有佳肴》

人！但决不接受毕加索的艺术观念和表现形式，个中道理，就好似鲁迅不接受梅兰芳男扮女装的唱腔一样……

昔日，曹有成与国画家应野平友善。应野平强调作画要有趣味性，要有笔墨。曹有成引申为“天趣随意挥来”，不赞同过于经意刻画。

曹有成先生认为：绘画作品应该给人有愉悦的感觉！中国古代的画论，表述简洁，博大精深，大画家“似与不似之间”的艺术追求，包容了近现代国画、西画，具象、抽象的真正道理。

陈仁炳与英文名著选读

陈仁炳

陈仁炳是谁，老一辈人可能已淡忘了他，年轻的朋友们知之甚微。他与章伯钧、罗隆基、储安平、彭文应是当代排得上号的五大右派。1980年，中国的右派都平反了，他却是唯一一位活着且不予纠正的真右派。

按常理，像我这样年岁的人是不会与他有关联的。1983年，我在复旦大学读三年级时，选修一门专业外语——英文世界史学名著选读，就是陈仁炳先生的课。

同学们私下议论他是毛主席亲自点名的右派。为此，我还特地查阅《毛泽东选集》第五卷第448页，里面果然有他的名字。知道这些情况后，怀着一点惊奇，来到了第一老教学楼二楼的教室。

那时，陈仁炳先生年已七十有余，中高个，常常穿一身深色的外套，但绝不是随处可见的中山装，好像衣料厚实些，显得沉着、有涵养。

课前，陈先生慢慢走了进来，行动时略见蹒跚，背也有些弯曲，或许是年纪大了，他每次都坐着讲课。我们并不知道他退休时的身份不是教授、教师，而是复旦大学木工厂的工人，此时，他还远没有享受到离休的待遇。现在想来，可能这样的课，除去他这样的老者再也找不出更适合的老师了。

若说陈仁炳先生平素神情是低调的、谦和的，但每次讲起课来，他的思想、广博的知识随着出色的口才娓娓道来，真是生动之极。记得读书时，听他和蔡尚思先生的课最有趣了：蔡先生上起课来可谓神气活现，边说边在讲台上不停地往返走动；而陈仁炳先生讲课时不紧不慢的，很亲切，像是在与我们聊天，声调平和、稍稍有点浑厚，偶尔也会高昂。

他与我们谈起林语堂，说林语堂的文采好，英语写作也好，笔下描写军阀混战时，喊杀声震天响，伤亡却很少，这是中国人性中善良的一面。又说到大军阀张作霖、吴佩孚交恶，打起仗来，将士们都跟着拼斗，过了几个月，两人又好了，互赠礼物，一起品茶饮酒，彼此还称兄道弟的，在旁当兵的听得这个气啊，白白地玩没了不少性命。陈先生每每讲到兴头，我们时不时会笑出声来。

课本里有法国大革命的内容，他问："听过《马赛曲》吗？"那个年代，我们许多同学都回答说没有，接着，他就哼唱起来了，带着顿挫和节奏，很动听、很有劲的……

他又讲到断头台的来历：也是法国大革命的产物，因为杀的人太多了，刀口都钝了，有一位医生就发明了这种机械装置，目的是杀人快捷，减少痛苦。作为纪念，人们就以医生的姓氏来命名，叫做Guillotine，但日子长久，这个家族的人再也不敢用这个姓，至此，陈仁炳先生举例说："别人问姓什么？回答：Guillotine（断头台），对方肯定吓一跳，不改不行的。"讲者津津有味，听者身心放松，渐渐入迷。

陈仁炳先生与我们谈起美国的独立战争，杰弗逊独立宣言中的名句："我们人类生下来都是平等自由的。"又谈独立战争胜利后，众人欲拥戴华盛顿为英国式的君主，他坚决不同意，做了一轮总统就要辞职，做了第二轮总统坚决辞职，这就是华盛顿的伟大。

一次，陈仁炳先生谈起自己"二战"时的经历：曾亲身聆听美国总统罗斯福演说。这时，我们在座的人都不觉露出仰慕的神情……陈先生告诉我们说：在美国，他曾站在台上与日本学生代表辩论，那场面是真实的，他申斥日本侵略中国；日本人的英语普遍不好，表述也差，美国学生都支持中国人……

陈仁炳先生言谈间无意流露出的伤感和愤恨，是关于他在"文化大革命"中家庭乃至整个家族所遭受的苦难，他曾谈起自己多次被关进学生们熟悉的宿舍底层的"牛棚"，并且时间很长，备受摧残；他讲述这些事，仿佛自己仅处于旁观者的位置，有时还不乏诙谐的语调，以面对同学们天真的，甚至无知的笑声。许多年以后，我才体会到：陈先生当时正从心底向外流泪……

陈仁炳先生讲课时最大的特点是喜欢“开无轨电车”，虽说是英语课，往往前半节课听他用国语东拉西扯，海阔天空地侃侃而谈，这对于开拓知识面是很有帮助的，而后他会用美式英语朗读课文，再以国语解释一遍。

记得在复旦的美国留学生冀硕林，有一次定要来旁听，课后，我询问他的感受，他说陈先生的课讲得非常好，我又追问是不是英语发音很纯正？他想了想，回答说：“与美国人有些微区别，但中国人这样说可以算最好了。”

近年来，我才从一些书中细知：陈仁炳先生曾名陈公明，1909年生于湖北武昌，为家中长子，自幼是基督徒。有一时期，冯玉祥将军让部下士兵皈依基督教，以水龙头按上橡皮管进行“洗礼”仪式，被誉为“随军第一布道家”的就是陈仁炳之父陈崇桂牧师。冯将军在重庆写过一首圣诞诗，陈仁炳亲为谱曲，可以说他们父子俩人与冯玉祥私交甚厚。

陈仁炳先生早年就读于沪江大学。1932年9月赴美留学，1933年获南加州大学社会学硕士学位。1936年获密歇根大学社会学博士学位。

陈仁炳爱好文艺，在重庆曾与白杨共演《茶花女》。据歌唱家周小燕回忆：1938年12月始，他作为武汉合唱团的领队，带领全团在新加坡、马来西亚等地巡回义演16个月之久，筹集抗战捐款1 150万元，相当于世界各地华侨平均每月捐款的1倍多。为此，深得孔祥熙器重。

1945年8月，抗战胜利之际，在重庆加入中国民主同盟。

长期以来，陈仁炳先生的学识、才华是被淹没的。20世纪80年代后期，我的一位同学，复旦大学留学生办公室的沈振辉教授，偶而在襄阳公园的一角，惊奇地看到陈仁炳先生正老态龙钟地蜷缩在那里晒太阳，他的思绪、言语已不那么敏捷了。1990年，他故世前希望能将自编的油印教材上、下两册《英文世界史学名著选读》正式出版。在我的印象中，这些读本所选的文章是很精辟的，但遗憾的是，至今未能见到印行。出于他对我们两个学期、一整学年的教育，写这篇文章，想后人对他多少会有进一步的了解，也是为了表达敬重和纪念吧！

娱园后人谈鲁迅周作人少时避居生活

绍兴娱园后人秦涓女士，现居上海，尝问笔者书画业，闲暇时谈起故家祖上往事，算来还是鲁迅和周作人的远亲，确切地说，是他们大舅妈的家人，那段时间，还走得非常勤快，特别值得怀念。

一、娱园

秦家世居五云门外杨浜村。至秦钧泽，为国子监生，分家后，带着妻子和一男二女来到水路交通要道小皋阜水石庄定居，即今绍兴市越城区东湖街道小皋阜村。

这里原本是古水村，明代以来就有四庙四祠堂之说，因往来船只繁多，寓有商机，秦钧泽便开起了当铺，时间久了，人们将秦家这个地方称为“当台门”（旧时绍兴较有气派地位人家的建筑门楼称台门）。秦钧泽妻沈氏，原本也是大户人家，其胞弟为五品衔议叙县丞沈延秀。

秦钧泽故世后，至清咸丰七年（1857年），其子秦秋渔（后为鲁迅、周作人大舅父之丈人）一辈家境日隆，在当台门这个地方建筑园林，遍植奇花异木。因其母沈太夫人喜好花草，起名“娱萱小圃”，简称“娱园”。

据当时的友人王眉叔（诒寿）《娱园记》所载：“在水石庄，枕碧湖，带平林，广约顷许。曲构云缭，疏竹花幕，竹高出墙，树古当户，离离蔚蔚，号为胜区。”其中最出名的是“微云楼”，意取宋代秦少游“山抹微云”词句，当年园主人和那些诗友们乘着雅兴登上楼来，喝着美酒，每逢“秋夜连吟”，真可以说得上是

“赏心乐事”……

秦秋渔（1829—1887），就是最初的娱园主人，名树敏，字秋伊，号勉锄。

清咸丰十一年（1861年），李世贤率领太平军攻入绍兴城，同治二年（1863年）撤出，小皋阜距城仅十五里许，娱园所幸未经战乱劫难。

同治十二年（1873年），秦秋渔中举人。

他擅画梅花，与大金石书画家赵之谦（1829—1884）等友善，每每相互探讨，传世能见赵之谦《致秦勉锄书》:“弟在三十前后，自觉书画篆刻尚无是处。壬戌（1862年）以后，一心开辟道路，打开新局。”

秦秋渔好吟诗词，同治年间，与李慈铭、陶方琦、马赓良等结“皋社”，有《娱园诗存》四卷。

秦秋渔有两子三女，后来，其长女秦曼媗（1850—1877），嫁给了鲁希曾长子鲁怡堂（1845—1902），鲁怡堂名嘉荫，就是鲁迅和周作人的大舅父，晚年寓居秦秋渔丈人的西厢房，其建筑至今尚存。

二、安桥头和皇甫庄

鲁家世居安桥头，即今绍兴市越城区孙端街道西部安桥头村，鲁迅《社戏》中称之为平桥村，当时只有近三十户人家。

绍兴孙端水乡

道光二十三年（1843年），为皇家管理木料的四品京官鲁世卿回到故里，建“朝北台门”，有三间开阔，坐南朝北，前后两进，东西两侧厢房，南临河，后花园，共占地半亩多（1999年春，朝北台门旧居按原貌修复而成）。

鲁世卿第三子鲁希曾（1824—1884），字省三，号晴轩，咸丰元年（1851年）辛亥科举人，任户部主事，正六品。同治初年，约40多岁，因病退居。见过世面的鲁希曾嫌祖宅朝北台门矮小，便典租了离故家数里外的皇甫庄旗杆台门西半部分房子，位于今绍兴市越城区孙端镇东南部皇甫庄村。

皇甫庄规模较大，相传为宋代赵王的府第，就是鲁迅《社戏》文章中的赵庄。

说到皇甫庄“旗杆台门”，原是北宋范仲淹后裔、越中名士范啸风的水乡园林住宅，据记载：当时规模宏大，南北共有七进，有亭台楼阁、花园鱼池……

鲁希曾娶皋阜镇何氏为妻，育两男三女，依次为：长女鲁琪、长子鲁怡堂、次女鲁莲、幼女鲁瑞（鲁迅、周作人、周建人之母）、幼子鲁寄湘。

鲁希曾在旗杆台门住了近二十年时间，直到去世。

自1867年到1894年，鲁希曾妻何氏（鲁迅、周作人、周建人外婆）和两个儿子在此共居住二十七年，期间，鲁希曾的三个女儿也都从这里出嫁。

1880年，小女儿鲁瑞嫁给绍兴城里周福清长子周伯宜，以后，经常带着几个孩子回到皇甫庄娘家小住。

由此看来，无论安桥头还是皇甫庄，都留下了鲁迅兄弟少儿时的成长足迹。

三、科场案风波

关于周家，据悉祖先可以追溯到北宋理学家周敦颐。

说起周福清（1838—1904，鲁迅、周作人、周建人祖父），是绍兴府会稽县城里人，原名周致福，字震生，号介孚，又号梅仙，清同治十年（1871年）辛未科进士，钦点翰林院庶吉士。同治十三年（1874年），任江西金溪县知事。光绪五年（1879年），捐升北京内阁中书。光绪十九年（1893年），其母戴老太太病故，周福清回绍兴。其后，便出了一件惊动朝廷的科场行贿舞弊大案。

事情原委如此：

光绪十九年（1893年），周福清（于1871年）的同年进士，正五品官殷如璋自京城出为浙江杭州乡试的正主考官，他是江苏甘泉（今扬州市江都区）人，字秋樵，彼此私交还是不错的。七月，船行至苏州阊门码头，丁忧内阁中书周福清牵头，遣仆人陶阿顺向其投递书信名帖和行贿票银一万两，“买求关节”，以谋取马（官眷）、顾、陈、孙、章五姓士子，及其子（用吉）共六人中举。

据以后周作人《知堂回忆录》较可信的记叙：“那时，副主考周锡恩正在主考（殷如璋）船上聊天，主考知趣，得信不立即拆看，那跟班（陶阿顺）乃乡下人，等得急了，便在外叫喊，说银信为什么不给回条？这件事便戳穿了。”

这傻性缺脑筋的陶阿顺一叫喊，殷如璋听了异常尴尬，为表无私，只得将信递与周锡恩……

接下来，周福清暂到上海躲避，其长子用吉（周伯宜，1861—1896，又名凤仪，鲁迅、周作人、周建人之父）被抓住顶罪，革去秀才功名。

八月下旬，周福清回原籍，为了不连累家人，无奈自首，被押往杭州受审。

周福清到案后并不真认罪，甚至说“交通关节者已不止一科”，浙江官场意欲从轻发落，但被光绪帝钦判“斩监候”，囚系杭州花牌楼，快到秋审时，周家变卖田产、首饰，上下打点营救，改判“牢固监候”。

其间，周家后人周伯宜妻鲁瑞，从绍兴城带着家小（鲁迅兄弟）迁入几十里外的皇甫庄娘家和小皋阜秦家避难。

周福清入狱8年，周家每年必须花费大笔资金，使其得以活命，家道由此衰落，竟致困顿。

其子周伯宜常借酒消愁，又为庸医所误，光绪二十二年（1896年）病逝，年仅35岁。后来，鲁迅散文集《朝花夕拾》（旧事重提）中“父亲的病”等文章，即反映了当时家庭的变故。

光绪二十七年（1901年），经同年进士刑部尚书薛允升奏请获准，周福清才免罪放归绍兴故里，尚愤愤不已。光绪三十年（1904年），冷冷清清故世了。

四、避居

光绪十九年（1893年）夏，鲁瑞从绍兴城带着家小避居三十里外的娘家皇甫庄，光绪十九年（1893年）底至光绪二十年（1894年）中，避居小皋阜秦家娱园。

鲁瑞（1858—1943），这个性格和善而又坚毅的女性，生于绍兴安桥头官宦人家，思想开明，好接近新事物，“她以自修得到能够看书的学力”（见1930年《鲁迅自传》），且阅读快，喜欢看小说，博闻强记，鲁迅曾经特为她收集小说。

鲁迅（1881—1936），生于绍兴城东昌坊新台门，最初应该叫周樟寿，他和几个兄弟都是祖父周福清起的名字。出生时，周福清在京，适大官张之洞来访，遂取小名阿张，字豫山。稍长，因绍兴话“豫山”与“雨伞”同音，被起绰号，小孩子不悦，周福清便改字“豫才”，意为“豫章之材”。

祖父写信其父，教导两个孩子（周樟寿、周櫆寿）读《水浒传》《西游记》……

光绪二十四年（1898年），周樟寿17岁，离开家乡三味书屋，进入“江南水师学堂”，改名周树人。

光绪二十八年（1902年），公派去日本留学。

后弃医从文，希望唤醒国民精神。

1918年，37岁的周树人首次用“鲁迅”为笔名，在《新青年》杂志上，发表中国文学史上第一部现代白话文小说《狂人日记》。

1921年12月，发表中篇小说《阿Q正传》……

笔者行文至此，再回到1893年夏天，鲁瑞遣两个孩子避居：

其时，周樟寿（鲁迅）实际12岁，周櫆寿（周作人，1885—1967）实际8岁。

后据周作人《关于鲁迅》一文回忆：

“光绪癸巳（1893年），祖父因事下狱，一家分散，我和豫才（鲁迅）被寄存在大舅父家里，住在皇甫庄，是范啸风的隔壁，后来搬住小皋步（阜）即秦秋渔的娱园的厢房。”

兄弟俩先在皇甫庄住了近半年，至光绪十九年（1893年）底，由于旗杆台门的租赁协议到期，鲁家无钱续租，再次搬迁：

大舅父鲁怡堂迁居到小皋阜丈人家。

小舅父鲁寄湘同母亲何太夫人则搬回了安桥头祖屋。

五、避居娱园

从光绪十九年（1893年）底至光绪二十年（1894年）中，周樟寿和周櫆寿

清源桥

娱园旧居部分

跟随大舅父避居小皋埠当台门秦家娱园。

此时，娱园最初的主人秦秋渔已故世六年，新主人是小儿子秦士深（1872—1920）。秦士深字少伊，又字少渔，小名友，比周樟寿只年长9岁，被称为“友舅舅”，能画家传的梅花，好诗文，爱看小说，阁楼里富藏书。

周作人后来在《知堂回想录》第九章《关于娱园》的文章中回忆：“鲁迅尤其同他谈得来，只是鸦片烟大瘾，上午总是高卧，所以只有午后才找得他着。他好看小说，凡是那时通行的小说，在他那里都有，不过都是铅印石印者，尽量的借给人看，鲁迅便不再画人像，却看本文了”……可见他对少年周樟寿的影响。

秦家待人还是很仁厚的！

鲁家安桥头祖居太小，容不了许多人。

光绪十九年（1893年）十月（此时间据秦涓文章），鲁怡堂迁居小皋埠当台门秦家娱园，其妻秦曼婠早已故世，他带着女儿鲁珠姑（1875年生，鲁迅表姐），儿子鲁佩绅（即鲁延孙，1877年生，鲁迅表兄），还带着周樟寿、周櫆寿两兄弟。鲁怡堂擅医术，吸食鸦片，晚年寓居秦家西厢房。

娱园门前曾挂“文魁”“孝友文章”等匾额，为西邻沈家、东邻秦家共有。

娱园西面不远处是清源桥，那是表兄弟姐妹们时常经过的地方，保存至今。

周氏两兄弟有关这半年多的避居生活，感受各不相同：

其时，周樟寿（鲁迅）年稍长，已理解事端，受科场案的负面效应影响，心理阴影大，甚至于觉得自己是个“乞食者”（见《鲁迅自传》），过早体验了人生的艰难，故讳莫如深，鲁迅的逆反性格可能就此形成。

周樾寿（周作人）年少，天真无忧，用他自己的话说“儿童的感觉原自要比大人新鲜”，后来专写了一篇《娱园》的散文，描述当时的园景：

“娱园是皋社诗人秦秋渔的别业，但是连在住宅的后面，所以平常只称作花园。”

“园筑于咸丰丁巳（1857年），我初到那里是在光绪甲午（1894年，就是两兄弟避居之时），已在四十年后，遍地都长了荒草，不能想见当时秋夜联吟的风趣了。”

还有他的《知堂回忆录》第九章《关于娱园》，也较能描述其印象：

“讲到娱园，那里直到庚子（1900年）那年，有七八年我还时常前去”“对于这个园颇有点感情”“大抵在一个四周造有围墙内”，那时，“微云楼”“潭水山房”“留鹤庵”尚存……

六、结语

1958年，秦家当台门被拆，娱园故址多被改建成“皋北小学”。

如今，绍兴城里、安桥头、皇甫庄，有关鲁迅曾经居住的地方都已修缮完好，人们一定会希望，娱园及其当台门秦家建筑也能恢复昔日的风貌！

时2022年1月9日定稿

诗林遗珍

百岁诗翁周退密逸事

当代百岁老人周退密，1914年9月2日生，原名昌枢，字季衡，号石窗，又号退密。

其父周絜非（慎甫），中医，在汉口开过保和堂中药店，母亲王氏为其续弦。周退密是幼子，童年时随母亲在家乡宁波月湖西岸的两所老宅里度过（老宅今已不存，其地归环湖公园）。

周退密题写照

周退密阅读中

周退密起初也学岐黄之术，后弃医从文。1940年，毕业于著名教会学校上海震旦大学，做过短时间律师，任上海法商学院、大同大学教授。1956年，应聘去哈尔滨外国语学院西语系任法文教师。1964年，调到上海外国语学院教法语。1972年始，主要参与《法汉辞典》的编写工作。1982年，上海译文出版社正式出版该辞典。

他是当代学者、著名诗人、文史专家、书法家、收藏家，上海诗词协会顾问，1988年被聘为上海市文史研究馆馆员。大凡传统文人的雅嗜，他皆有造诣，郑逸梅先生称之为“海上寓公”。

周退密先生成就最高的是在古典诗词方面，有《周退密诗文集》《墨池新咏》《退密楼诗词》《安亭草阁词》《上海近代藏书纪事诗》《周退密先生题签集》等数十种。

一、四明周家与红顶商人

明末清初，周退密祖上迁居浙江宁波，其家族原为中医世家。至周莲塘，始自宁波来沪，因会一些英语，结识了一位法国传教士，由房地产快速起家。周莲塘与水太夫人共同创业，到20世纪初，“莲塘记”已在市中心拥有了十几处整块的里弄房地产。

旧时上海，周家拥有现今南京东路与九江路之间，西至西藏路，东至云南路的大片土地，即“大庆里”。此外，还有吉庆里、宝庆里、恒庆里、福庆里、和庆里、吉庆坊等房产。据悉，上海带“庆”字的街坊都曾是周家的产业。

周莲塘长子周湘云（1878—1943）接管家业时，已成为宁波旅沪首富。

清代末年民国初期，时局动荡，周湘云谨慎守成，没能更大规模拓展房地产，但恰巧赶上了租界地价飞涨。

周湘云在光绪年后期，以四万两银子捐了“上海即补道”，属“候补道”中最高级别（上海道台相当于现在的上海市市长），是四品官。光绪皇帝驾崩后，他又捐了一大笔钱，升到三品，按清廷旧制，三品官就能戴大红顶子，所以，周湘云在光绪三十四年（1908年）成了“红顶商人”。一些遗老遗少，都与周湘云有交情，如宝熙、端方、康有为、罗振玉……

1943年，周湘云离世前，其家族资产已达8 000万。

1950年，周湘云之子周昌善（1898—1985）离沪去香港前，将所有房地产委托堂弟周退密照管。1956年，公私合营后，周退密又移交给周昌善胞妹周亦珍。

二、大收藏家周湘云与上海博物馆藏品

地产商周湘云就是周退密的堂伯父，同时还是民国时期著名的收藏家。

周湘云收藏有青铜器、字画、碑帖、瓷器、名家印章等。

周湘云的斋室有一件青铜器齐侯罍，器内有142字铭文，初为苏州贝庸所藏，后入吴县曹秋舫怀米山房，其后又归吴云收藏。

传世的齐侯罍是春秋后期的盛酒器，共两件，同时铸造而成，唯铭文字数不同，一为166字（称为齐侯罍），另一为142字（被称为齐侯中罍）。

齐侯罍出土于清代嘉庆年间，与乾隆年出土的散氏盘，道光年出土的毛公鼎一样，是当时金石学界公认的吉金大器。

齐侯罍其中166字者为吴荣光旧藏，后归吴式棻，咸丰年间归吴云所有。

吴云曾筑“抱罍轩”藏齐侯罍，请何绍基书匾，后吴云又获一只，改称“两罍轩”，仍请何绍基题额，名闻海内。清末民初，周湘云从吴云手中花了两万两银子买下一只齐侯罍，器价按器重以黄金计算，真是豪举。

此外，周湘云还藏有清初阮元的“家庙四器”，分别为虢叔大钟、寰盘、葛伯敦、无款执壶，故自榜其居为“二簠二敦之斋”。

周湘云的书法收藏，最盛名的是唐代虞世南《汝南公主墓志铭》、怀素《苦笋帖》、宋代米芾《向太后挽词》、赵子固手卷、元代赵孟頫手卷、明代董其昌《临淳化阁帖十卷》等。

周湘云收藏的画则有宋代米友仁《潇湘图》，元代黄公望《富春大岭》残卷、王蒙《春山读书图》，明代文徵明《湘君湘夫人图》等，至于清代四王、吴、恽，石涛、冬心、新罗之作等，更是不胜枚举。

碑帖方面，几乎都是清末收藏大家端方的旧藏……

周湘云在世时，知道侄子周退密最嗜好石刻，曾取出全部拓本尽其欣赏，有不少汉碑均是上乘宋拓本。

笔者又据周退密先生回忆：小时候曾把玩周湘云藏赵之谦的“灵寿花馆”等名家篆刻印章。

周湘云谢世后，夫人施彤昭完好保存了这些藏品。

直到20世纪50年代初，周家的藏品才陆续散出，重要的都归入上海博物馆。

1950年，上海文物保管委员会副主任徐森玉，亲自走访了周湘云遗孀施彤昭和女儿周亦玲。周家首先将春秋时期的青铜器齐侯罍之一，以旧币5 000万元（相当于以后的人民币5 000元）售与文管会。

笔者曾据周退密先生回忆：文管会得此器后，又去苏州，从吴云小妾家以同值购得另一罍。

其中一只142字铭文罍经展出后，被郭沫若调到北京的国家文物机构（1959年），两罍现分别藏于中国国家博物馆和上海博物馆。

1953年，徐森玉又为上海博物馆从周家购进怀素《苦笋帖》和米友仁《潇湘图》，两件共计旧人民币两亿元（相当于今日之两万元）。

《苦笋帖》是上海现存的唐代怀素草书唯一真迹，是邀朋友来吃笋、品茗的信札："苦笋及茗异常佳，乃可迳来，怀素上。"

《潇湘图》是宋代米友仁传世最好的山水画长卷，计一丈二尺，为"米派云山"画法的始祖。

这些珍贵文物，目前已属上海博物馆藏品中的镇馆之宝！

三、上海一号牌照汽车

周家名扬上海的还有"一号牌照汽车"。

过去，该车几乎众口一词被说成是周湘云的，其实是周湘云弟弟，周莲塘二公子周纯卿（1880—1945）的私车。

周湘云除了做生意就是玩古董，收集金石书画；而周纯卿则是个标准的"洋派"人物，喜欢洋玩意，诸如汽车、游艇、跑马。

周家后人回忆：20世纪初，一位丹麦医生告老还乡，临行前，欲将他的旧汽车连同牌照一起出让，周纯卿便买下了，这就是后来被传得沸沸扬扬的上海一号牌汽车。

那是一辆长方形的黑色轿车，据悉是英国名牌戴姆勒，可乘坐12人。司机座位在右边，前排4人，后排4人，前排座位下面有小凳子，拉出来又可坐4人。车内前座和中座之间隔着一层玻璃窗，有小窗可与司机通话。周纯卿把原车灯换掉，在挡风玻璃旁安装了两只方形车灯，可点蜡烛，感觉古色古香。又在车身两边开门的把手处，镶嵌了铜质的篆文"周"字。车前挂有铜质椭圆形的黑漆牌照，为极其醒目的古罗马"Ⅰ"字，号码旁刻有SMC（上海工部局），为周纯卿自己设计。而工部局颁发的正式牌照"H-0001"，被放置在家里。

这辆一号牌照汽车，当年在上海滩风光无限。周退密先生曾对笔者说："郑逸梅的文章里叙述有误"，但没有细问，至今只能存疑了……

四、周退密谈印章

笔者与周退密先生是忘年之交，始于20世纪80年代中期，得缘于复旦大学喻蘅教授之介绍。当时，周先生还居住在复兴公园对面的老洋房里，他学养深厚，知识渊博，待人也真诚谦和，我经常前往请教诗词学问，他则喜欢我刻的印章。

正如郑逸梅文章所述，“海上寓公”周退密对于金石书画方面也很博学。

闲暇时，我开玩笑说，明代大收藏家嘉兴人项元汴的别号也是“退密”，他笑说我的笔名周宓与宋代草窗诗人周密有关……

印象中，周退密先生对于印章情有独钟，他与我生肖同属虎，故仿汉代双面私印式，为其制白文生肖加周字及名号印。

作为老前辈的文人，周退密先生“一生中从未放弃过毛笔，抄书、起稿、写信，多半用的是毛笔”。他的书法，出于宋代大文豪苏东坡体而稍见苍趣，“为了给字幅增加美观，除了钤盖名章之外，也使用起闲章来了。诸如起首章，押角章等等。”（见周退密自述《我的闲章》）

故而，周退密先生很重视印章，最初运用的那方“与草窗同姓梦窗同里”闲章，就是嘱咐我刻的，其特定内容集宋代两位著名词人周密和吴文英的字号而成，把姓氏、籍贯都说明了，别有意趣。

回想起来，我前后曾为周退密先生镌刻十多枚印章。

周先生是家中幼子，故嘱刻“季子平安”，四字来源于清初词家顾贞观给好友吴汉槎的名句，既确切，又能代表其心境。

周退密先生近八十岁时，曾嘱咐我镌刻一方“八十在望”的长方形朱文起首章，正如其文章所述，后来又转赠给了享有诗书画印四绝之誉的复旦大学喻蘅教授。

20世纪90年代初，周退密先生迁居安亭路以后，也曾嘱咐我镌刻几方印章，如“安亭老人”“湖西老屋”“三间草堂”等。

回想起来，昔日又尝依周退密先生之嘱，画一老者拄杖立于门前，近似石涛水墨苍朴之风，为“三间草堂图”，退密先生竟裱成立轴悬著室内，足见其对我这个晚生之厚爱。

周退密先生曾为我的印册题赠数首诗词，至今读来倍感欣慰：

气息渊冲世所难，追秦抚汉一时冠，殳文鸟篆古斑斓。　　印上留痕存老屋，客中选韵续金荃，岁寒端欲砺贞坚。

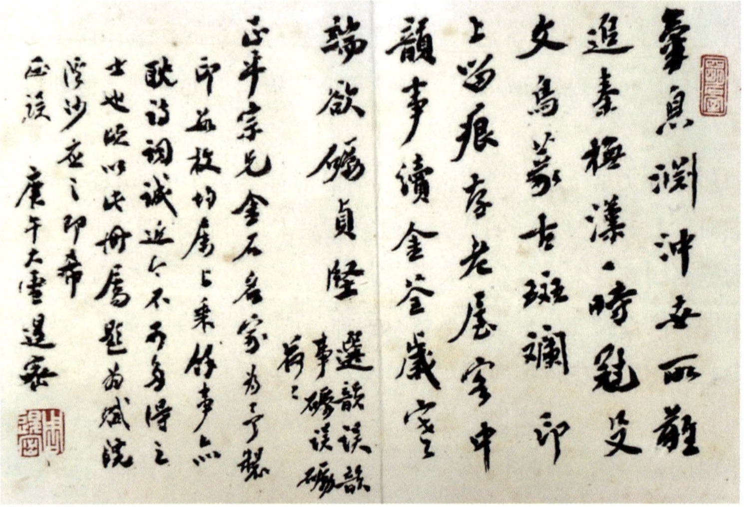

周退密题词

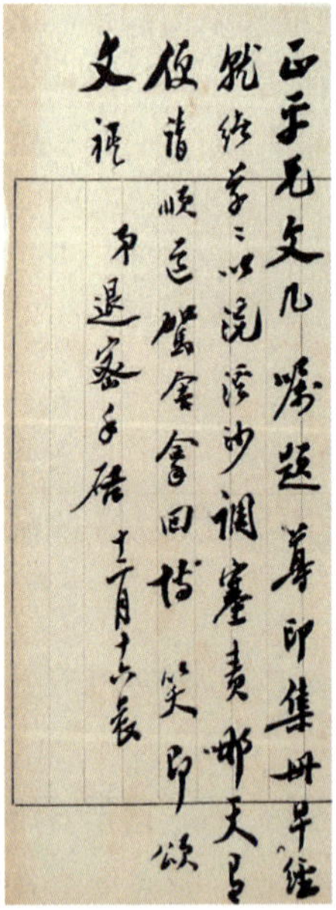

周退密信札

其时间为1990年冬，当时除书画篆刻，学诗甚勤，故退密先生在《浣溪沙》词中有刻印、诗词之典故。

落款甚客气：“正平宗兄金石名家，为予制印数枚均属上乘，余事亦耽诗词，诚近今不可多得之士也。顷以此册属题，为赋《浣溪沙》应之，即希正误。庚午大雪，退密。”

还有一首关于印章的七言绝句诗，题写于1992年冬：“瑶草琪花留印史，赏心悦目得长生。看他变化权奇处，绝似淮阴善用兵。”落款：“壬申白露，奉题正平吾兄金石册，退密。”

古往今来，有关篆刻的诗词极少，这两首真可谓上乘佳作了！

十多年前，得知周退密先生有一篇题名“我的闲章”的短文，见诸众媒体，还多次提起笔者，深感其关爱！

五、周退密的诗词友人

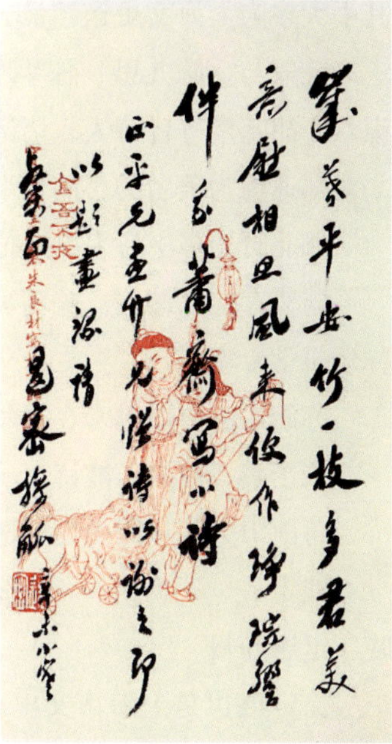
周退密贺岁诗

周退密说："我职业是做法文教师，但我兴趣在诗词文史方面。"这一点，最早是受其父周慎甫和前清秀才黄次会"清芬馆"私塾的影响。

又据其自述："我学诗较早，在抗战中经好友诗人柳北野（璋）兄之鼓励有所习作。"应该说是"学诗填词，齐头并进"。

关于唐诗，周退密喜读杜甫的诗，还有王维和白居易的诗……其诗意更近王维。

关于宋词，周退密受宁波前贤吴文英的影响较多，最常写的是《浣溪沙》。此外，也推崇苏东坡、黄庭坚、陆游、陈与义、柳永、周密等人。他的词境，朴厚、平淡清新。

词韵较诗韵稍宽，能广泛于文字表达。

往昔，笔者常翻阅《白象词谱》，而周退密先生告诉我，《康熙词谱》收录的词韵更多。

他是上海诗词界的引领者，其行笔流畅、用典朴实，为时人推崇。他曾对我表达这样的见解："文章和诗词，不能写得过于客套，以免影响文学的真实性和艺术性。"

周退密很少为人写对联，但有一副内容写给上海文史馆前辈大书法家、诗人沈尹默（1883—1971），真正恰到好处：

晋帖唐碑大手笔，新诗旧学老先生。

笔者认为，这也可以称得上是他自己的写照！

早先，他与前辈画家、诗人沈迈士（1891—1986）住得很近，执弟子礼往访，时常诗文酬唱。

周退密在上海的诗文友人，笔者所知晓的有：陈兼与、陈九思、陈琴趣、王瑜孙、沈轶刘、彭鹤濂、孔凡章、徐定戡、包谦六、胡邦彦、郑逸梅、柳北野、朱子鹤、施蛰存、苏渊雷、喻蘅、田遨、陈从周、蒋雨田、钱定一、王西野等，其中大多为上海文史馆馆员、诗人兼书画家、学者教授，皆当代名流前辈。

陈兼与、陈九思、陈琴趣、王瑜孙、沈铁刘、彭鹤濂、孔凡章、徐定戡、包谦六、胡邦彦等皆诗人，诸诗友尝结社吟咏。

郑逸梅为著名的小品文掌故专家。

柳北野（璋）诗人，兼擅篆刻，抗日战争时期与周退密相互鼓励写作诗词。

施蛰存、苏渊雷、喻蘅、田遨、陈从周为著名学者、作家、诗人、教授、园林建筑学专家。

苏渊雷尝与周退密在哈尔滨高校工作。

朱子鹤，擅画，能诗。

蒋雨田为陈从周内侄，擅诗文。

钱定一、王西野30年代时毕业于苏州美术专科学校，擅画及诗文，王西野晚年定居苏州。

徐定戡也是上海市文史研究馆馆员，与杭州前辈诗人徐行恭长期有诗信往来，是杭州籍著名大画家唐云最后想见的诗人！他与周退密时常唱和，才思敏捷，与友人诗信甚多。他与周退密流畅的文笔不同，喜欢用典故，写异体字，七言律诗较多。

周退密九十岁以后，诗词往来最多的是田遨、喻蘅。兹选录一首小词如下：

老病侵寻一聚难，旗亭把臂定多欢，白眉黄发各平安。　　联咏人同瞻马首，食薇我不是商顽，来春仍有好杯盘。

看来都是耄耋老人了，相聚也不怎么方便；后面还用了一个典故，自嘲尽管多素食，却不像伯夷、叔齐那样顽固，希望老朋友来年开春能够再聚聚。

落款："《浣溪沙》奉和缉庵韵，乙酉冬日录呈遨公贤夫妇双粲正，退密九十又二。"

词稿右侧补记："此词写就之后以为早经寄呈，讵料此刻检寻它物得之，老悖如此，尚在日前虚语中询问是否收到，可笑之至。零六年一月五日，退密附启，乞谅。"真的有点老忘事了……

六、周退密的故乡情怀

2013年，周退密先生一百岁前，将收藏的古籍、字画、手稿等文物，共计

76种97件，捐赠给了故乡月湖边上的天一阁博物馆。

其中有珍贵的宁波先贤手迹：

清初顺治皇帝钦定浙江首位状元——史大成书法册页。

清初学者陈锡嘏书法册页。

天一阁创始人范钦后裔范永祺的书法册页。

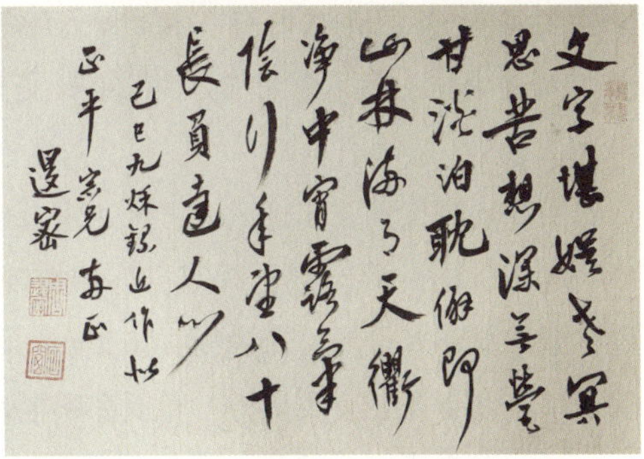

周退密五言诗

天一阁族人清初范光阳书法册页。

银台第主人童槐之子，光绪皇帝老师童华的稿本《先总宪公日记》。

还有周退密的父亲周慎甫遗墨等。

周退密说："父亲的东西，我一直珍藏着，从不送人。现在把我手里的东西交给天一阁，就是这些物品最好的归宿，我多年的心愿也了了。"这些都是周退密对故乡文化事业的贡献！

同年，天一阁博物馆于云在楼举办了《周退密先生书籍文物捐赠展》。

2015年，周退密先生已一百多岁，荣获《诗刊》"陈子昂诗歌奖"，他把30万奖金全部捐献给了陈子昂故里四川省射洪县营建希望小学……

数十年来，周退密先生深居简出，以诗养性，以文会友，在平淡宁静的生活中寿可期颐，兹摘录如下几首诗词，细细读来，很能代表他暮年的情怀：

新将斋额署微尘，下界浑茫孰见真？
诗到会心赢一笑，攒眉人作展眉人。
（七言绝句《漫兴》）

他觉得诗写到会心处可以忘却一切烦恼，是很开心的。

再如，也是一首《浣溪沙》词：

人在玲珑记曲帘，画师词客旧神仙，一双红豆一华年。　忍把浮名轻换了，消磨何止日三竿，短箫唱出柳屯田。

周退密先生尝对笔者说："古代的隐士，生活居住远不及今人为好。"现在，做一位画家，或是词人，就像是传说中的神仙！这般年岁，应该看淡浮名了，闲来吟诵柳永的词，消磨时间，不觉早已日上三竿。

还有一首调寄《少年游》的词，描写自己在安亭老屋，品茶，填词，年复一年：

安亭小巷，黄泥旧屋，掩映柳丝斜。暮暮朝朝，晴晴雨雨，尽日数归鸦。　　老来耐得中宵坐，花月影交加。瓦罐烹茶，寒灯检韵，闲里送年华。

真是韵调优雅，名士风流，可达宋人意趣。

昔日，同龄诗友都已凋零。苏渊雷晚年最精神，也爱热闹，自夸能过一百岁，最终享年八十八。郑逸梅、施蛰存、陈兼与、徐定戡、喻蘅、田遨、钱定一等皆享年九十有余。我认为，周退密先生是一位最能够享受到清福的老人！

2020年7月16日凌晨，周退密先生辞世，享年107岁。

宁波天一阁博物馆、上海外国语大学、上海市文史研究馆联合举办了隆重的纪念活动，他的诗词、书法以及收藏品将留传后世，长助后来学者文脉之绵延！

2020年8月

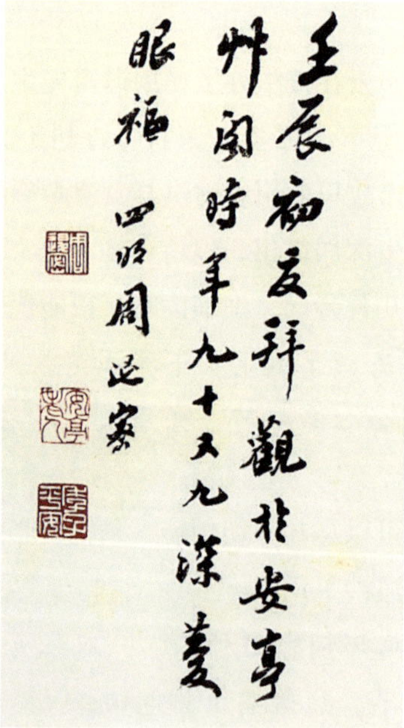

周退密题字

名门后裔徐定戡

上海市文史研究馆的周退密先生尝介绍我认识施蛰存先生与徐定戡先生，他们分别居住在愚园路和江苏路，相隔很近，祖籍都是杭州。

关于施蛰存，十多年前，我在相关刊物和书中曾写过他的逸事，兹不赘述。

谈起徐定戡（1916—2009），居住上海江苏路，20世纪80年代后期至90年代初，笔者时常走访。我见到他时，长得有点胖，脸偏圆，左手常半靠在胸前，头顶前面大半部分已光，后面稀疏地有很少头发，与年轻时照片上的清秀模样有较大区别。他是上海市文史研究馆馆员，诗人，原名祖武，告诉我说：这两个字韵母叠韵，读起来不够朗朗上口，故更名定戡，又号稼研。

一、杭州望族

徐定戡与夫人高诵芬（1918—2005）都生于杭州的富商大户，曾有“徐半城”和“高半城”之誉。

徐家祖上兴办纺织业。

曾祖徐茂顺开办“瑞云公记绸庄”。

祖父徐吉生（1864—1934），清末民国时人，又名徐益庆，徐家在他那个时代最为兴盛。清光绪二十六年（1900年），徐吉生合资创办“吉祥恒绸庄”。1912年独资开办杭州“庆成绸庄”，很快成为“庆成绸厂”。1915年在绍兴老家安昌、盛陵，创办“吉生布厂”，有230台手拉织布机，织染配套，年产3万匹棉布，销往苏浙皖赣等地。

徐吉生又在绍兴创办“吉生小学”，命三子徐礼耕任校长，可见其重视。吉生小学学生达300余人，实行免费教育，毕业后可至两地布厂、绸厂工作。

1918年初，徐吉生买下位于杭州金洞桥的榆园，子孙三房从丰乐桥南谢麻子巷迁入定居。

金洞桥在清代就已经消失了，仅剩地名，后变为石板街道。据徐家桢日后考证：榆园，其确切的位置，在东运河西，今建国中路东，前门在金洞桥路，后门在余达子巷；初名娱园，原为杭州富家许增为奉养母亲所造园林建筑，始建于道光年后期。

徐定勘夫人著述《山居杂忆》

徐吉生经商以外，雅好文艺，经常来榆园的文人墨客有后任浙江省博物馆馆长张惠衣、诗人徐行恭、词学家夏承焘、教育家郑晓沧、书画家朱孔阳等。

徐定戡是祖父徐吉生的长房长孙，惜为遗腹子，十二岁时又没了母亲，徐吉生特别怜爱，延请张惠衣先生为私塾教读。及长，与杭州另一富商大户，双陈巷高家联姻，夫人高诵芬。

高诵芬晚年与长子徐家桢合著《山居杂忆》，曾细述与徐定戡的婚姻细节……

记得笔者30岁前后，偶与内人前往，徐定戡先生知道我们是自己相识的，也谈起自己的婚姻，说是长辈、媒人定的：“这么多年来，总有感情的！也谈不上很有感情！”我听了淡然一笑，高诵芬夫人总是娴静地坐在旁边，极少言语。

日后，他给我的毛笔信札最多，起首往往客气地问候：“正平吾兄贤伉俪……”

顺便再说杭州双陈巷高家：

位于苏堤以西，花港观鱼景区，也是杭州望族。光绪三十三年（1907年），高云麟（高诵芬祖父）建“红栎山庄”，又称“高庄”。

高氏族人还出了不少金石书画家，著名的有高络园编订《丁丑劫余印存》，高野侯“梅王阁”……

1937年12月，日本军队占领杭州，飞机将高庄和杭州的绸布厂炸毁了，好在上海还有工厂！

1938年春，徐家迁居上海。

二、依然静好楼

徐定勘高诵芬夫妇年轻时

徐家刚迁到上海是一个四世同堂的大家庭，在沪西一座大花园洋房里，有五亩多地，主仆共五六十人。1948年，徐吉生妻李氏太夫人去世，时年八十三岁，当时属于高寿了。

次年世事突变。

50年代初，两位叔叔建议分家，三房各自独立门户，原先的大洋房卖给了私营医院。

日后，徐定戡夫妇及四个子女住在江苏路200弄一幢三层联排的洋房里，这就是“依然静好楼”，子女称之为“老屋”，仅一墙之隔是三叔家。

这幢三层小洋楼有十二个房间，前面还有小花园。

朝南的每层有两大间，每间房四五十平方米，光线充足。

三楼是主人卧室、书房、储藏室，二楼是子女房、客房，底楼是客厅、餐厅，北间是仆人房，客厅南面是两扇玻璃落地门，出门走廊，再下面是花园。

徐定戡的依然静好楼名称有其来历：

抗战时，朱孔阳赠送他一幅老画，原是清代杭州画家陈豪（字蓝洲）为收藏家汪小米而作的园林景物立轴，庆贺历经李秀成的太平军兵劫而依然无恙，名曰“依然静好楼”，徐先生因此自颜其居。

1965年12月，徐定戡五十岁，突患脑部血管破裂造成左半身瘫痪。

次年，“文化大革命”开始，徐家备受磨难，被迫扫地出门。

他所喜欢的书画，几百把折扇，被红卫兵集中放进三楼的大浴缸里，再放满了水……

那幅陈豪依然静好楼图，也被撕毁。

徐先生晚年，曾请杭州老画家王小楼补画，老诗人徐行恭题记。但这两幅依然静好楼图，笔者并未见过。

印象深刻的只有大诗人朱彊村红色对联张挂于墙上，内容是："翠柏苍松盟晚岁，白须红颜想吟身。"

徐先生曾对我说："几百把折扇，主要是清代以来中小名头书画家的作品"，"四王、吴、恽"并没有，"现代画家，唐云的折扇就有两百把，都画得很认真，满满的……"

徐定戡先生还与我谈起一楼那些紫檀木客堂陈设，深感惋惜。有长供桌、香案、十张太湖石镶嵌的太师椅和茶几，还有圆桌，共二十件，中间是清代大书家梁同书和潘世恩分别用珊瑚洒金笺写的福、寿两个大字，配备紫檀镜框。

我当时傻傻地表示，家里也有些红木摆设，徐先生摇着头说："哎，你不懂！不懂！紫檀要比红木好十倍……"

后来，老屋成了警察局。至80年代初，落实政策，徐家才得以搬了回来。

徐定戡先生感叹："世事茫茫难自料，春愁黯黯独成眠。"

三、诗词成就

徐定戡十六岁时，投考杭州青年会夜校读英语，结识朱孔阳。二十岁前后，在杭州的兴业银行工作。大学时代学习法律，后从事高等法院工作。但主要成就和兴趣都在古典诗词方面。

说起徐定戡的古典格律诗，始于少小读私塾时代，启蒙老师为张惠衣先生。十六岁时，在杭州出版第一本诗集《弱岁吟稿》，赢得"神童"之誉。十七岁时，又出版《祖武杂诗初稿》三册，收诗652首。

20世纪80年代始，为海内外十多个诗社的名誉社长、顾问和诗刊的名誉主编。

每年春节前，徐定戡先生撰写一副对联，然后请好友刘惜闇书写，装裱成立轴张挂于底楼客厅。

徐定戡先生的生活习惯较特别，按其子徐家树所述："每天早上三四点钟就起床了，一人到厨房里煮一小壶红茶喝，听新闻、看书或作诗写词。"（《山居杂忆》附记）

他写诗写信，习惯于用七紫三羊毫，墨是在小砚台里磨出来的，并说："用小毛笔舔着砚台，便有诗兴……"与周退密流畅的文笔不同，他喜欢用典故，写异体字，常见的是七言律诗。

徐定戡才思敏捷，与友人诗信往来甚多，尝专为笔者题写几首格律诗，并自负地对笔者说：“你还没有出门，我的诗就好了。”

当时，我见到他的诗集有《稼研七言唱酬律髓》《余生赘稿》《北驾南舣集》。

他曾嘱咐我镌刻几方印章，记得有：“徐定戡”“稼研”“稼研随缘”“依然静好楼”“如此江山”“乾坤一腐儒”等，大多为2厘米以内的小印。

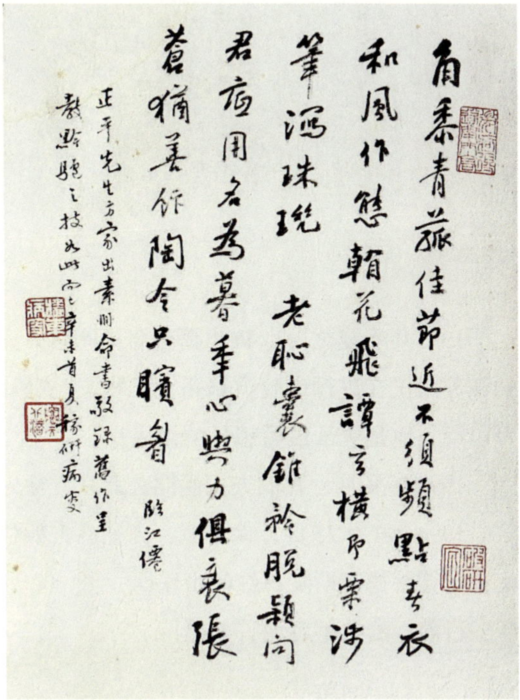

徐定勘题词

徐定戡先生赠七言绝句诗三首：

学古真逢几解人，追摹浙皖溯周秦。
灵蛇珠已凭君握，方寸神游寂寞滨。

出入霜锋自轶尘，坑儒燔典竟逃秦。
硕交自古能长久，何日传觞拟洛君。

壮岁交游尽老苍，虫书鸟篆漫琳琅。
移宫换羽堪兼美，敛手姜芽愧八行。

落款正如老式文人那般客套：“小诗奉题正平先生方家印存，乞正，辛未清和月，稼研徐定戡上句。”

他觉得我这个后生，在学识方面“还可以谈谈”！

徐定戡与杭州前辈诗人徐行恭长期有诗信往来。

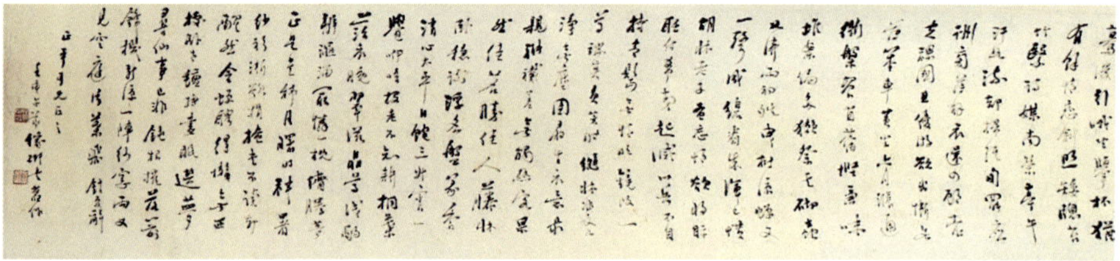

徐定勘诗卷（局部）

1993年春夏之际，杭州籍著名画家唐云先生曾嘱咐我陪同走访。然而，此时的江苏路正在进行市政道路拓宽工程，“依然静好楼”也在大修之中，惜未成行。可以说，他是唐云最后想见的诗人！

1993年夏月，我们夫妇俩同去北京，徐先生为我写信引见冯其庸……

1994年1月25日，徐定戡、高诵芬夫妇移居长子徐家桢的住所，在澳大利亚南部阿德莱德市斯陡林红叶山庄。

行前，赠给笔者两首七绝诗：

听彻鸡鸣岁月迁，迎来狗盗又新年。
万流趋利同狂易，人事天心讵偶然。

横海鲲鹏大翼垂，板舆迎养有佳儿。
双栖老作图南计，莫漫乡心日夜驰。

落款“稼翁漫兴”。

并附一信：

“承代购毛颖，敬谢！午睡失迓为罪，此家人未报之故耳。仆将远适国外，终老蛮荒，非素愿也，聊作数行，为异日相思之资耳。正平吾兄贤伉俪新年曼福，徐定戡拜上，十一（日）。”

这是1993年末1994年初的事情，细读可知，徐定戡先生有点颓唐，也有点无奈。他的诗意词境，常感觉轻微的凄婉！

那年临近春节前的一天，近中午时分，我来到徐家底楼，他的小儿媳妇将这两页诗文递了过来……

没过多久又知道，依然静好楼已售出！

高诵芬、徐家桢母子在南澳大利亚写作回忆早年的杭州风俗和上海生活，并陆续在墨尔本《汉声》月刊连载，1995年完稿。1999年，这些短文汇集成书——《山居杂忆》，南海出版公司正式印行出版。

徐定勘夫妇及其子徐家桢

此时，徐定戡在澳洲，有《移居》四首七言律诗，笔者仅见其两首：

索居岑寂养吾真，款户知无雅趣人。
耆旧子遗尊老辈，编氓籍隶忝齐民。
挂椸日久衣香退，启砚阴余墨晕陈。
野史他年征轶事，双栖海燕德为邻。

浩荡乾坤物象移，惊心倦侣鬓添丝。
已悭健足移花兴，况复扶筇步履迟。
悯世触蛮仍劫运，尘縻安隐但支颐。
搜罗喜续东城记，炳烛光阴此一奇。

落款："老妻高诵芬著《山居杂忆》二十八万余言，已脱稿，付此邦杂志连载。"

可见，徐定戡及其家人依旧思念远在北半球的故乡！

但"故乡是什么？所有故乡都是从异乡演变来的，故乡是祖先流浪的最后一站。"（《山居杂忆》附记）

2009年5月1日，徐定戡在澳大利亚阿德莱德去世。享年九十四岁。

数月后，他的好友周退密得知，写了一首七言律诗以示怀念：

一夜文心陨大荒，真教世事感茫茫。
茂南宾客从兹尽，故国旌旗岂易忘？
忆旧曾连觞与咏，居夷未许剑摧芒。
定知岁岁清明节，魂魄翩然来座旁。

表达了昔日诗友小饮、吟诵时的情景，故友远居国外，诗兴不减当年，感叹文星陨落，从此不能相见。

落款：“追悼诗人徐稼研兄一律，录呈家桢世大兄暨令昆玉留念，九六老人周退密，零九年七月六日。”

昔日，笔者尝与徐定戡先生交往甚勤，故写此文章以作怀念。

时2021年10月26日

田遨诗词与嵌字联拾趣

一、

田遨（1918—2016），原名谢赓会，又名谢天璈，当代著名作家、诗人，写得一手好书法。

他生于济南市历城区董家街道谢家屯村一个书香门第。父亲为前清进士，具有深厚的家学渊源，喜好诗文书画。友人周退密曾引杜甫的诗句加以称道："海右此亭古，济南名士多。"很为确切。

田遨自幼受齐鲁文化熏陶，及长，参加中共地下党的外围活动。1948年任济南《新民主报》编辑，继而，随大军南下。1949年以后长期在上海，任《解放日报》国际版主编，又得到海派文化滋养。1960年调上海美术电影制片厂任编剧。20世纪80年代初离休。

晚年为上海市文史研究馆馆员，以诗书名世，著作等身，被誉为"海派诗词"代表人物之一，是一位集大成的文学艺术家。

田遨

二、

20世纪八九十年代，田遨先生居住在静安区延平路边上的万春街，老工房的四楼，共两居室。他很少出门，著述甚富，我偶而前去，听他谈艺论文，相与品茗赏画，诚为平生乐事。

田遨先生曾在我的册页一面，录写自己的五首七言绝句诗，内容与他写的五本小说有关，现在读来还很有意义，兹抄录如下：

前贤心迹剖明难，褒贬随人意未安。
写到子云投阁恨，千秋谁与洗沉冤。
（写《杨度外传》竟自题）

神威自足压歪风，写入稗官意未穷。

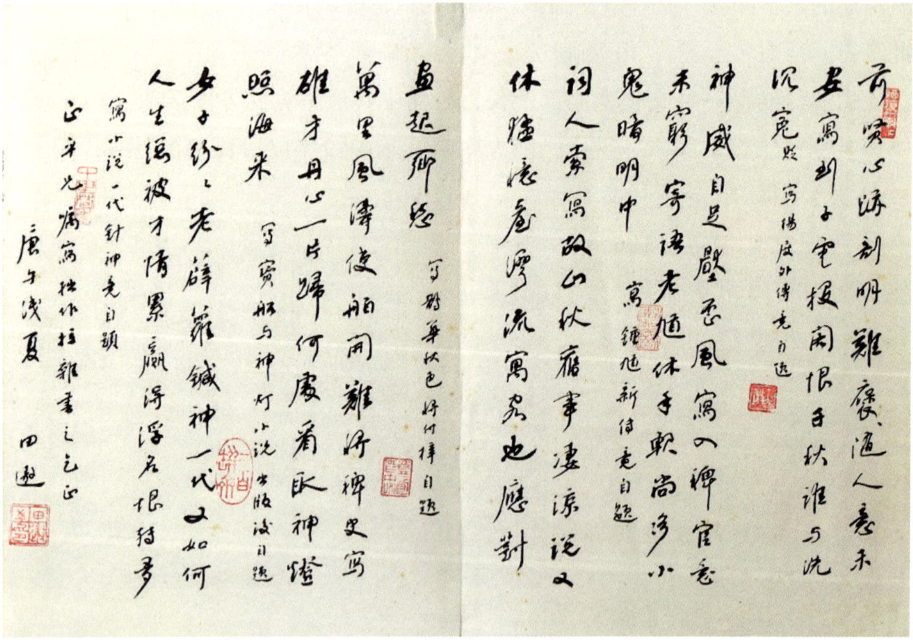

田遨诗五首

寄语老馗休手软，尚多小鬼暗明中。
（写《钟馗新传》竟自题）

词人索写故山秋，旧事凄凉说又休。
猛忆台湾流寓客，也应对画起乡愁。
（写《鹊华秋色》将付梓自题）

万里风涛使舶开，难将稗史写雄才。
丹心一片归何处？看取神灯照海来。
（写《宝船与神灯》小说出版后自题）

女子纷纷老薜萝，针神一代又如何？
人生总被才情累，赢得浮名恨转多。
（写小说《一代针神》竟自题）

落款："正平兄嘱写拙作，拉杂书之，乞正，庚午浅夏，田遨。"时间是1990年初夏，至今三十余年矣！

十多年前，我写作《上海艺林往事》持续了好几年时间。书中写的许多内容是他故世的老朋友，田老当时已九十高龄，赠送我一首贺词：

艺坛佳话，亲见亲闻来笔下。举止音容，往昔风流一笑逢。《齐东野语》，七百年前差可比。今日周家，又见新书绽异葩。

落款："调寄减字木兰花，南宋周密著《齐东野语》，与今人周宓后先辉映。周宓兄新著《上海艺林往事》读后，九十翁田遨奉题。"

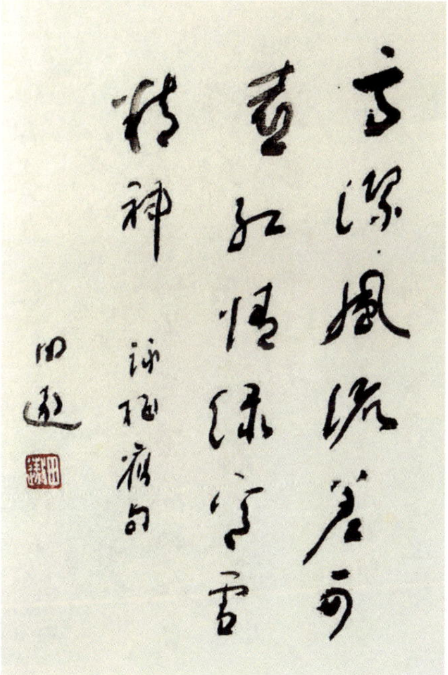
田遨诗句

细细赏来，真具有老一辈文化人的谦和之风，也足为拙著增色了！

田遨先生九十三岁时，又在我的另一本素册上录写他的诗词，兹选其中两首：

底事长吟又点评？半是闲情，半是痴情；迦陵磊落纳兰馨，才也纵横，泪也纵横。　　爱国诗篇照眼明，人自峥嵘，词亦峥嵘；词如明镜照人生，时代阴晴，人意阴晴。

紫蔗青梅甜复酸，味有多般，美有多般；柔肠侠骨入诗笺，红豆情牵，宝剑光寒。　　信是诗词境界宽，青藏征颠，台港归船；而今一洗旧山川，春水添蓝，秋叶流丹。

落款：“拙著《清词精选评注》出版自题，调寄一剪梅，田遨。”这应该是他读书写作后的感怀之作。

除了以上著述，我还知道他创作出版了《丹青恨》《吴门四家》《人物与艺境》《海山恋》《雪狮子》《苍鹭与鱼》《红雨》《论书读画》《诗之梦》《红雨轩十二种》《心痕与屐痕》《鱼韵牧歌》《田遨诗文手迹》等二十余部。

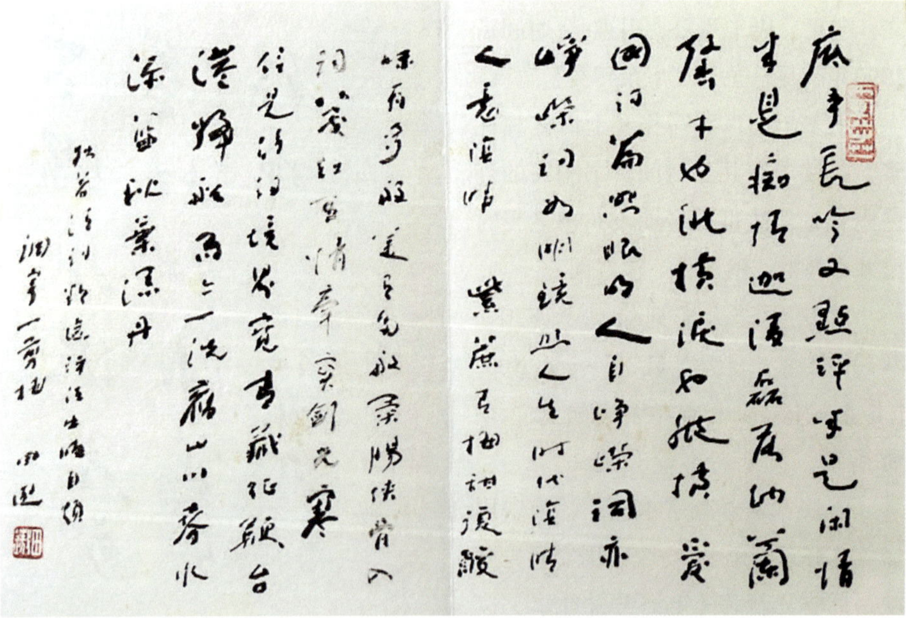

田遨诗册

三、

田遨先生与上海诸多文化名流交谊深厚，如：陈从周、苏渊雷、周退密、喻蘅、蒋雨田、杜宣等人。他与徐定戡有许多诗词往来，但有一次告诉说："彼此没有见过面，只是神交。"使我很吃惊。他与王蘧常、郑逸梅等也有书信往来。

郑逸梅的文章中描述他："性情洒然，颇有载酒江湖之趣。""且游踪所至，辄赋一诗，诵之觉模山范水，神为之往。爰集放翁句以博一粲：堪叹江湖白发生，水邮山驿不论程。出游始觉此身健，一首清诗取次成。"写得很有意趣。

他与诗人兼画家王西野相识于20世纪70年代，彼此交往密切，田遨六十岁时，王画《海右双松图》，并有一首七言律诗相赠："论文劫后相知晚，说梦灯前意气酣。一代才华归海右，半生踪迹滞江南。胜游漫写澄怀录，诗境能深老学庵。不祝长生怜姹女，只挥秃毫赠苍髯。"特别是颔联写得颇具感情：田遨的文思才情始于山东，但多半著述、生活在江南，非常确切。说起王西野，早年与钱定一同毕业于沧浪亭边的苏州美术专科学校，晚年居住在苏州拙政园和狮子林附近的坝上巷。

田遨先生最近这二十年迁居上海徐汇区桂平路，老友多凋零，他与周退密、喻蘅三位老先生诗词唱和最多。

有一次，笔者顺道探访，田老感叹自己："七十岁以后，写作和考虑问题的思绪日渐清晰成熟，身体却越来越衰弱。"并说，"你以后也会这样的。"

苏渊雷先生故世后，其家人曾想请田遨先生著《苏渊雷传》，田老已年迈，私下曾问我是否能当其任……

四、

田遨先生喜欢写嵌字联，他赠送的几副对联，是根据我的学名特意撰成的，并能结合书画方面的专业知识，很有意趣，具体如：

"周兄正平促制联语相赠，并请嵌正平两字，予戏拟数言，

一为：

恽正叔画高一代，颜平原书冠三唐。

一为：

先忧后乐范文正，工画能书恽寿平。

一为：

正介先生修身端正，平园总集论事持平。”

他接着注解：

“正介为周颖，《平园集》为周必大著，且直与周姓挂钩矣，质之正平兄，不知有当否也？一笑，田遨。”

徐定戡先生见了，诗思如涌，很有兴致地在卷后写道：

“正平吾兄属撰嵌字联语，老境颓唐，思虑锐减，偶忆前人成句，勉得数联，聊以塞责而已：

正是江南好风景，平芜尽处是春山。

正其谊不谋其利，平其心以养其疾。

正欲清言闻客至，平生不解藏人善。

正为盟鸥留醉眼，平明送客楚山孤。

正是消魂时节，平生塞北江南。

斜阳正在烟柳断肠处，望极平芜寒日暮天红。”

后面注解：

“各语悉凭记忆，未与原句核对，或有出入耳，用作双笑云尔。癸酉清和望，稼研徐定戡。”

接着，徐先生意犹未尽，又写道：

闵正斋纯孝成性，项平父玩易著书。

正是江南好时节，平明骑马入宫门。

正则三闾字，平原十日游。

正拟千杯引醉，平添一段离愁。

可见，老先生掌故知识渊博，文字功底深厚！

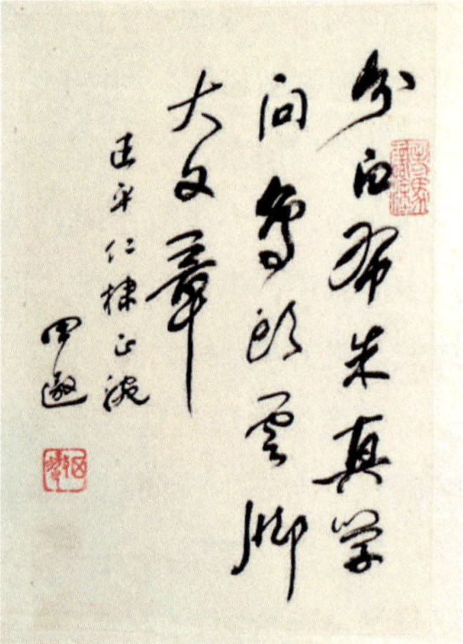

田遨对联

还记得有一年新春，笔者画朱竹寄贺，田老又赠嵌字联回复：

祢正平文不加点，周之冕画可传神。

歌扬正气，竹报平安。

2008年，田遨先生九十岁了，我特画一幅老寿星表示祝贺，不久，他寄来一扇形的横幅，又赠嵌字联内容如下：

“正平兄，寿星图收到，颇有古韵，谢谢，近又想到数联，可以相赠：

周东村工画，宓石斋鸣琴。

（小识：明画家周臣号东村，为唐伯虎、仇十洲之师，宓石斋为孔门七十二贤之一。）

正始体诗情洋溢，平复帖笔阵纵横。

（小识：魏晋时嵇康等人之诗号正始体，晋时陆机所书《平复帖》为我国古人手迹最早之珍藏。）

正正奇奇看泼墨，平平仄仄入吟声。

（小识：泼墨指书法与绘画，诗书画篆刻皆正平兄所长，联语中不能兼及。）”

后面落款：“戊子初冬，芜句相赠，乞粲正，写于上海红雨轩，田遨。”

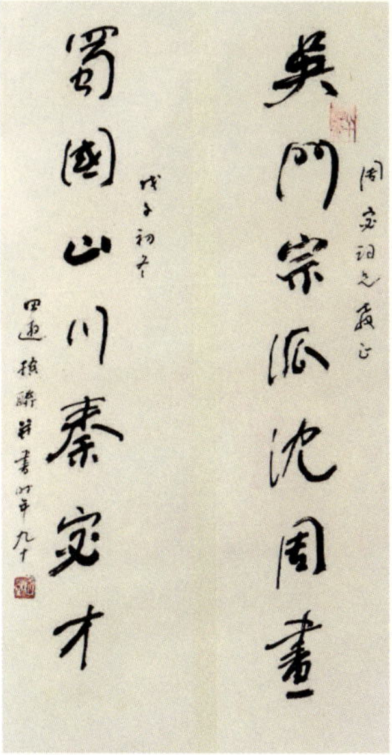

田遨嵌字联

除上所述，田遨先生还依据我的笔名“周宓”两字撰成嵌字联：

吴门宗派沈周画，蜀国山川秦宓才。

友人见此倍加称道！

五、

关于田遨先生的书法，喻蘅教授尝与我闲评：得清代大书家何绍基意趣加以变化，法度森严，极具个性。又因其诗文皆上乘，所以，上海、苏州、杭州、济南、淄博等众多名胜景区和文化场所留下了他大量的题字和刻石。

他生前选辑有《田遨丛稿（十卷）》《田遨书法集》《田遨诗词选》等，入藏上海图书馆名人堂田遨专柜。

值得庆贺的是：2020年10月，田老的家乡，山东省济南市历城区政府特在虞山文化公园设立“田遨文学艺术馆”，其胞弟谢雅会及其家人捐赠田遨诗书作品和著作文献资料，时人誉之为“济南最后的名士”。

2021年11月12日　正平周宓于海上晴云秋月楼

艺林漫记

李祖韩李秋君兄妹与张大千的交往

李祖韩（1891—1964），字左庵，浙江镇海人。民国时代实业家，为李薇庄之子，李梅堂之孙。自幼喜爱绘画。据前辈画家回忆：李祖韩谈“艺术”二字的含义时，有独特的见解，且出语也颇惊人，曾说：“艺术二字应分开来理解，有‘艺’也要有‘术’，这样才能成为成功的艺术家。”细细琢磨，确实很有道理，画坛巨匠张大千就是成功的范例。

李家以沙船业发迹，于商界有名望。李祖韩有一胞妹名秋君，爱文艺，兄妹皆擅画。李秋君是20世纪二三十年代出名的上海女画家，曾去日本、比利时办画展，她22岁时结识张大千，两人同庚，生肖皆属猪。据悉：李父曾欲将秋君许张大千，然大千已有婚约在先，日后与秋君保持很好的友情。

张大千于画界享有盛誉，20世纪40年代，大千每到沪上，常下榻于李祖韩、李秋君兄妹住所，即上海卡德路（今石门二路）158号“李公馆”，住在底楼的房间里，还专设画室。

李秋君终身未嫁，外界皆以为心慕大千，她自幼染肺病，体质文弱，也是其缘由。笔者尝于女画家钱悦诗家见李秋君照相，身材微胖，圆脸，戴着细边眼镜，很有气度。

李秋君与张大千能保持半个多世纪的纯真友情，为毕生知音，确实感人。

张大千早年出的画集，封面为李秋君题字。秋君之画娟秀、文静，略受大千影响。

1948年，两人同庆50岁生日，陈巨来送一方印章，上刻“百岁千秋”，将他们的名字以及合庆百岁的含义寓于其中，两人甚欣喜，合绘一幅山水画，钤盖此印作为纪念。就在那一年，大千与秋君偶尔谈起身后事，相约在李家所购静安墓地，拟建双寿穴，想日后邻穴而葬。进而，大千写了“女画家李秋君之墓”的碑文，秋君也书“大千居士张爰之墓”的碑文。惜大千日后去海外，又至台湾，这一愿望终未能实现。

张大千画

吴湖帆《梅影书屋印存》序

余少而学印，便闻吴愙斋当年助陈簠斋成《十钟山房印举》之佳话，后于大石斋唐云先生处学画，又知愙斋先生文孙吴湖帆先生，乃海上画坛巨擘，一时无出其右者。

吴湖帆册页画

叶公潞渊先生，与湖帆先生交契，尝于先生处见湖帆佳作，精妙委婉，具神仙气息。余以为：以湖帆先生之盛名，其用印为当年海派印学精华，若能集而成册，必成佳话。

吴湖帆后村词意图

曩时得见朵云轩所集《梅影书屋印蜕》，余购归，大悦。然细细观赏，甚感其用纸粗劣，诚憾事也！数年前，吴亦深弟出示其曾祖湖帆先生钤用诸印，便有再续佳话之想。遂极我心力，历时三载，成此印存，近二十套。今年为湖帆先生诞辰百二十周年，余素知湖帆先生擅填词，欣喜之余，因和秦少游词原玉，调寄《鹊桥仙》：

东庄神笔，螺川韵语，漫写关山几度；安持琐忆至今传，此番事、分明细数。　　前贤印迹，留真梅影，解得东风归路；知春仙馆历三秋，善摹拓、相将朝暮。

时甲午（2013年）元月　　上海正平周宓手拓并记

书信日记选

答秦绿枝

秦绿枝谈话中

秦绿枝先生是早已闻名的前辈盟友，他才思敏捷，落笔之快，是我望尘莫及的。文坛有几位长者的笔名富有诗情画意，比如："何满子"三字，竟然直接取自唐宋词牌；若说"秦绿枝"三字，应该取自李白的诗句："秦桑低绿枝"。可惜得很，时至今日，我与这两位先生，只是神交，未曾谋面。

几年前，我在《上海盟讯》发了一篇文章，题为："陈仁炳与英文史学名著选读"，述说20世纪80年代初，我有幸选修陈先生两个学期共一学年的课，或许这引起了秦绿枝先生对往事的回忆，他很快也写了一篇关于陈仁炳的文章，印证我的认识，并在文中数次提起我来。出于对这位学养深厚的前辈盟友的景仰，我曾与王海波兄、杨鸿庄兄提起，很想找个机会拜访他老人家，不觉拖延至今。

我写作《上海艺林往事》一书持续了好几年时间，本想找像秦绿枝先生这样的名流为序言，但还是怕唐突，便请昔日的同事——女诗人张烨教授完成此工作。我与田遨先生相识已久，前去求稿，田老已九十多高龄了，送我一首减字木兰花词，确实为此书增色了。

秦绿枝先生为我写的书评中，主要列举了田遨、陈从周、苏渊雷，此三人为好友，皆雅擅诗文书画，我于20世纪80年代中结识这些前辈，现一一答之：

田遨原名谢天璈，祖籍山东济南，当代作家、诗人，写得一手好书法，他赠送的几副对联，是根据我的学名“正平”两字特意撰成的，比如：“恽正叔画高一代，颜平原书冠三唐。”“先忧后乐范文正，工画能书恽寿平。”“正始体诗情洋溢，平复帖笔阵纵横。”但最好的是他依据我的笔名“周宓”二字的嵌字联：“吴门宗派沈周画，蜀国山川秦宓才。”因此，我欠他一文，题目早定了，为《田遨的嵌字联拾趣》。

我起初的老师复旦大学喻蘅教授举荐我结识陈从周先生，当时还有一便条，语甚器重，后得知，纸条竟被他们的友人周道南持去收藏。从周先生是我见过的功名心最强的文人，他身边时常聚集着大大小小的清客，他每每出言惊人，曾问：“你们以后谁来写我？”他可能没有想到我这个后生会写。从周先生不是一本正经的老学究，要描写他绍兴师爷的个性，就结合他的专业特长为题《园林学家陈从周趣谈》，又担心有不妥处，就请田遨先生过目，得到的许诺是：“不过分，就这么定！”

秦绿枝作书

苏渊雷先生的身世最具传奇，确是我见过的最没有架子的老一辈学者，好像很少有他在乎的事情，他对我请求题字索句几乎有求必应，颇具名士风度。正因为如此，我从内心非常敬重他。据悉：苏先生与唐云先生如按古人的观念几为刎颈之交。苏先生故世后，其家人曾想请田遨先生著《苏渊雷传》，田老年已迈，私下曾问我是否能当其任？苏先生昔日有一位女学生，撰20万字年谱，惜电脑故障皆散佚，我闻之心碎！苏先生的夫人傅韵碧师母今有97岁高龄，步履尚健。去年中秋，曾与之共同居住华师大一村的邻居，唐云先生女弟子，上海市文史研究馆馆员吴玉梅画家拉我一起走访。

读秦绿枝先生前面文章之最后一段，深感老前辈的关怀和殷切期望，我自诩是一个真正的读书人，有缘结交众多名流，正如自己在书的后记中所言：不想让有意义的人和事随时间而流逝，按从周先生的说法，叫“抢救文物”。上海文史馆的朱子鹤先生曾陪同我走访印谱、印章收藏家王哲言先生，初不以为意，直到有一天，我出示自己的印稿，王哲言先生认为我是用心的人，对我开怀畅谈，我这才意识到：王先生有满腹的掌故，但数年前，他带着宝贵的知识过了奈何桥，西天而去，我认为这是浪费！我对文艺界人与人之间的是是非非充耳不闻，绝不落笔。我写书，主张最好是第一真实见闻的信史，坚信自有像秦绿枝先生这样的知赏者。

时2011年1月17日子夜正平周宓草稿

重访三釜书屋

——与程多多画家共忆程十发先生

2013.10.31（周四）晴

上午近10时，应邀至徐汇区程多多画家居所，品茗闲谈。

他说看到我的文章了，《程十发的早年生活和工作》，刊于《世纪》，是松江程十发艺术馆的人告诉他的。

我告知他此文已转载于上月的《上海采风》，又告知文中的曹有成还健在，约86岁，他回说当时还小，不多接这话题……

接着，我奉赠拙著《上海艺林往事》一书，并对他回忆：1987年元宵节，程十发先生约我与郑晓玲女同学一起到吴兴路居住处，当时20多岁，不懂事，缠了老先生一个晚上，最后张金锜（师母）老师也出来了，才有点意识到时间太长了。

程多多画家说："不要紧！"彼此相视而笑。

我说：还记得当时程十发先生给我们讲座，主张"画画用笔要熟中返生，要放松画"。

他立刻接过我的话说："画画用笔要放松，也要紧，松紧结合。"

"对没有传统的人来说，要夹紧；对传统有根基的人来说，要放松。"

他感慨道："好多人学画不敢进传统。又有好多人学画没法跳出来，难啊……"

稍后，我又提出问题说："曹（有成）先生告诉我，程（十发）先生过去买了许多西洋画册，具体是什么？"

多多画家回答："比如：伦勃朗、安格尔，主要是人物画册，印象派之前的大约多买，因为印象派画册在80年代以前的中国是被禁止的。”

程十发先生画中的色彩吸取了好多西洋画的因素，运用对比色，好在趣味很好！

多多画家又谈到文人艺术与民间艺术：认为“文人艺术走过头会显得空洞，仅讲格调，不讲求表现形式，太虚幻了；民间艺术走向极端太庸俗，造型方面少趣味。”

接着，他又回忆：“母亲（张金锜）也是画画的，与父亲（程十发）同学，早年就读新华艺专，因为当初年龄不小了，是（吴昌硕之子）吴东迈的女眷介绍进艺专学画的；母亲本生于杭州大户人家，吴、张两家前辈原是世交……”

闲谈中，多多画家说起自己在国外与张大千最后一个女弟子为同学。他说据这位女弟子介绍：张大千晚年视力实在不好，泼墨泼彩，借鉴石恪，然后再勾皴。

程十发先生曾觉得张大千晚年的某些画，墨彩里少了点内涵。

多多画家说起林风眠：用中国的宣纸画西洋画，也很特别；程十发先生几乎与其相反，用中国的色调笔墨借鉴西洋的画法。

程十发《岁朝图》

程十发《驴背诗思图》

往日里，程十发先生还与多多画家闲谈西方现代画，谈到康定斯基、波洛克、米罗的画……

关于程十发先生的创作，多多画家又纠正人们认识中的一个误区：程十发的第一部连环画是《琵琶记》(因为自己不满意，未发表)，不是《野猪林》。

平日里，程十发先生还喜欢摄影和听昆剧。

说到同济大学，程十发先生与陈从周教授是很熟悉的，因为彼此都喜欢昆剧；并说蒋玄怡教授画得很好！

2013.12.11（周三）晴

下午1:30以后，再见程多多画家，他将我让至画室，背景音乐是昆曲女唱腔。

我奉上两本刊物：

一、《世纪》2013年11月，刊有俞汝捷《缅怀程十发先生》的文章。

二、《上海采风》2013年9月，刊有我的文章《邻居与同事忆程十发》。

彼此闲谈起程十发名字的来历。

我问：读过程十发先生的人物传记，记得是李健老师起的。

多多画家答：李健老师见父亲（程十发）刻印，落款“程潼”，问有笔名吗？回说没有，就给他起了这个名字，取意“一程十发”，仅可用于程姓人家。

接着又说笑道：电影演员程之的祖父程颂万，号“十发居士”，擅书法，相见时彼此会取笑。

多多画家补充说：家父在新华艺专学的是山水。人物画可以说是自学的，没有老师教。关于学画，老师只是指一条路，关键自己要勤奋。

又谈起吴昌硕、任伯年。

我说：“看了许多书，我后来才知道，程（十发）先生的画，也来源于（吴）这一流派，起初很吃惊。吴昌硕笔墨好、修养好、造型能力很一般。”“但任伯年造型好！”

多多画家说：“吴昌硕本人很好，可惜后人越走越衰弱，没有新的形式。

“学吴昌硕要学他的修养！过去老太爷（指程十发先生）说：‘不要学一个大家成熟以后的东西，要学他探讨、半成熟过程中的画，要思索、借鉴，吴昌硕的文才、诗词、金石、书法好，所以画的趣味好！’

“吴昌硕造型能力不好。任伯年与他相反，造型能力特好，用笔、赋色、画面的水分也特好，但画外修养远不及吴昌硕！”

谈到程十发先生的松江老家。

程多多画家说是在莫家弄，也就是明代莫如忠、莫是龙的故居所在地。1947年，自己出生在张祥河故居一个佣人的房间内。

程多多画家也闲谈起自己的留学经历：先前在徐汇区少年宫工作，教画画等事项。1981年出国，到美国读硕士，指导老师是高居瀚，高与老太爷（指程十发）熟识，故多多在美国曾住高家。多多画家开画展时，高居瀚用英文写序。高居瀚的日文很好，比中文还要好！

我出示自己的画，他看后很客气地提了不少建议，又告诉我有一种“煮垂宣”，是豆浆水涂于宣纸上制成的半生熟纸，作画时效果很好！

我又出示昔日的两首词。

《捣练子·初夏夜起读》：

春又转，燕来东，宛似柔情浅夏风。　　怎奈夜长起独吟，《花间集》里月玲珑。

《采桑子·游洞庭西山》：

桐花十里轻阴路，借得春风，宛似飞鸿，帆影迢迢见石公。　　古来纵目登临处，明月坡东，人醉吴宫，留却湖山韵事同。

他读了说很好！有词的意境。

又谈到昆曲，我推说自己不太懂。

程多多画家说：“你应该是懂的，因为你会填词……”

我又出示程十发先生早年的山水画卷，请他在卷后题跋，他说要放着认真写，相约待下次再取。

行前，多多画家告知其兄程助于四周前已故世。

程十发、张金锜夫妇共育有三子女：长女程欣孙先故，次程助也故，今仅存程多多一子。

2013.12.20（癸巳十一月冬至日）

得闲有感，以《满江红》长调填词，题为《观赏程十发先生山水画奉寄程多多画家》。

2013.12.31（周二）晴

上午10时，三访程多多画家。

先取回程十发先生的山水画卷，多多画家已在卷后题跋："此家父早岁山水精品真迹，成于20世纪50年代中，为上海人民美术出版社工作时作，其时家父尚未有云南之行，然画中楼宇高阁、乔松远山，已现家父笔墨赋色之个性，不可多得。今此画为周君正平画家所藏，希永宝之。癸巳九秋，三釜书屋后学云间程多多恭跋。"

引首钤"云间"朱文印，后钤"程多多"朱文印。

我取出一周前自己用毛笔抄录的《满江红》填词，题为《观赏程十发先生山水画奉寄程多多画家》，多多画家对此吟读起来：

一代宗匠，叹去也，何人能继？千秋笔、高台舞榭，远山丛翠。董巨画师遥可忆，华亭禅趣曾相寄。看清湘，搜取尽奇峰，名青史。

思往昔，丁卯岁。元宵夜，犹堪记。但轻歌教得，曲终人醉。三釜书斋回雅韵，小窗帘幕开新卉。似此番，展卷又填词，程公第。

底下注释："右《满江红》词，忆昔丁卯年元宵节，程十发先生尝邀我至吴兴路居所，至今忽忽已二十余载，人事变化，深为感慨。近日数访三釜书屋，又与程多多画家听昆剧、畅谈词曲、纵论绘事，相聚甚欢悦，归来感而成此。时甲午新年将至，上海正平周宓草草吟稿。"

他看后说好的，我回答填词写诗要有心情的，与他接近可能填词会多些。

但多多画家还是对昆剧感兴趣，室内播放背景音乐，待到俞振飞的唱腔时，还特意提醒我细细听取……

还是闲谈：

松江的几位名人。

施蛰存与鲁迅的事。

绘画与政治问题。

关于傅抱石画的看法。

关于黄宾虹。

刘旦宅超脱的性格……

闲谈中曾说起以下内容：

我问："程十发先生作画快吗？"

多多画家："快的！"

我问："赋色时加的层次多吗？"

多多画家："有些方面，很多，好几层，有的像清水，薄薄的一层，具体看情况而定。"

我问："程先生作画撕掉的多吗？"

多多画家："不多的，很少撕掉。"

我问："得知程先生性情很谦和，如何看待？"

多多画家："真正有学问的人都这样，书到用时方恨少，学无止境，半瓶子水的人才晃荡张扬……

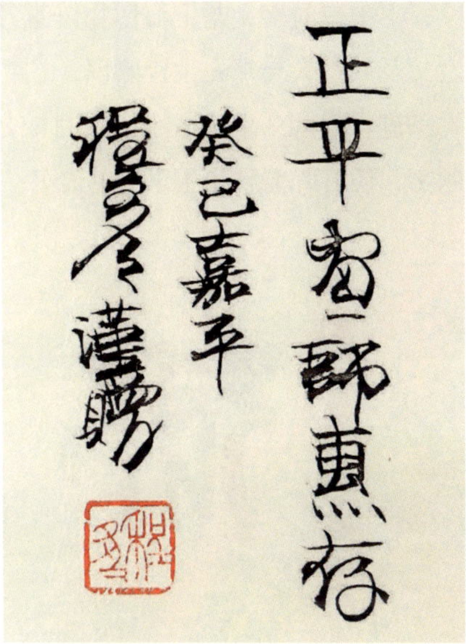

程多多赠书题字

程先生与复旦赵景深教授很友善的，赵先生如果走在街上，其平和的神情，常人一定看不出他是个大学问家！总喜欢卖弄的人，你就要从心里责疑他是否真有学问……"

多多画家也说起程十发先生生活中最后的事情：早年身体很好，只生过栗子颈、胆囊炎病。晚年有小肠气，难以站着画画，需多坐卧，程助等人主张开刀治疗，手术后竟未能出医院，比先前更不好，直至最后。

临近中午，我起身告辞，见客厅的镜框内有程十发先生辛巳年（2001年）新春书写的对联："拳石画临黄子久，胆瓶花插紫丁香。"很古雅，中间挂着程十发先生、张金锜老师的生活照相。

出得门来，多多画家与我共祝来年安好！

访大泽书屋

2022年1月22日（星期六，细雨连绵）

下午三时多，与上海博物馆谢力文兄一起拜访四平路上的郑重先生，谢力文之父及其本人与郑先生皆熟识。

进得房间，墙上较引人注目的是谢稚柳先生的“荷花小鸟图”和“大泽乡”题字，还有陈佩秋先生书写的斋名“大泽书屋”。

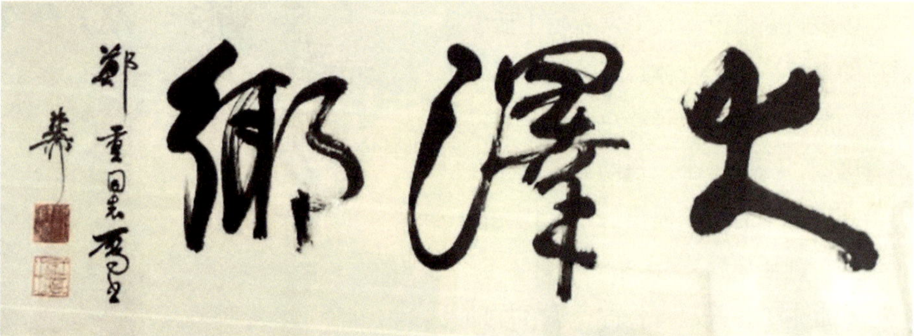

郑重书斋名（谢稚柳题）

时年87岁的郑重老先生性格随和，身体康健，言谈直爽，举止及思绪感觉比我们都快捷，三人在一张简朴的木制写字桌旁坐下，他取出一把紫砂壶来，定要亲自泡茶。

郑重先生回忆：大概是在20世纪70年代初，“批林批孔运动”前后，结识了一些老画家，并不是因为自己很喜欢画，而是敬佩他们的人格，以往休息日经常前去走访。

说自己认识的人其实并不多，就这几位老画家，还有来楚生、张大壮也都熟悉的，但可以写成传记的人并不多，认为单纯凭画画是写不好传记的，还应该有诗文修养，有丰富的经历和朋友关系。

郑重

郑重先生说：自己几乎每周与这些老画家聊天，积累素材，回家做笔记。写这些传记完全是自己把关，从不愿意让老画家的子女们来审稿，最终的写作也不受他们干扰。

他说写大画家传记，与自己在文汇报的工作没有关系，完全是个人喜好。我们与他本人都认为最初出版的《杭人唐云》写得极好。

郑重先生认为：自己的人格和思想多受唐云和谢稚柳两位先生影响。

唐云先生画桌上是不让人动的，曾希望他能画小鸡，谢稚柳先生希望他能画竹子和梅花，但郑重都没有画。近年来画树，觉得很难画好。笔者表示，只知道他会写毛笔字，不知道他画树，想看看，他摇摇头，不愿意出示。

闲谈中说起吴子建来过，还刻了几方印章带来。

说起《新民晚报》的秦绿枝，还是比较熟悉的。

关于诗词，郑重先生说自己偶然写写。

讲到周退密和谢田遨两位诗人，知道他们，但都没有见过面。

讲到复旦大学的喻蘅诗人，说是老师辈。

讲到苏渊雷诗人，还是比较熟悉的，写诗很快，出口成章。

但许多人都没有交往，也没时间交往。

郑重《杭人唐云》（1992年版）封面

郑重先生闲谈起自己的情况：

1935年生，属猪，安徽宿县人，故号大泽乡人。农家子，确切地说父亲是中农，不是文化家庭，兄弟姐妹有七人，自己排行第二，上面是一个姐姐。妻为中学同学，小自己一岁，育一子一女，分别在美国、英国，女儿郑海瑶，现定居伦敦，也是作家。

自己小时候读书很好，中学时就入了党，做过学生方面的党支部书记，但历次运动中，从来没有写过大字报。

1953年考入复旦大学新闻系，入学时全系考分第一，故参加许多会议，后因病休学，给陈望道校长写了一封信，就留下来了。1956年复学，与朱维铮等四人特谈得拢。1961年毕业分配到《文汇报》社，记者工作，与医疗、科技、考古信息报道有关，与写大画家传记无关，写传记是自己想做的事。

专题探寻

· 书画篇

文人画的综合含义

文人画开创了中国艺术辉煌的篇章。古代的文化人政暇课余，舞弄笔墨，朋好相聚，切磋技艺，如诗文之酬答，是一种雅好，也是思想寄托。有关文人画，古往今来，探讨者众多，古人在他们的文集后往往附上自己的见解，成为后人研究的“画论”；近一个世纪来，中外学者对此时有心得，甚至认为中国古代的绘画几乎可以说是文人艺术的世界，其影响范围之广，耐人深思。故本文想就文人画诸多内在含义分以下诸方面分析：

一、首重“格调”

格调是指作品的审美情趣，也就是要有良好的意境，感人的艺术效果。中国画很早以来就注重格调，南齐谢赫于创作、品评标准中定“气韵生动”第一，也就是将画面的审美效果定在首位。

千百年来，中国文人理想的艺术境界是什么？笔者认为是超凡脱俗的感觉，这与他们奋斗的儒家“仕进”思想截然相反。孔子的儒家学说是进取的，日后证明，是帝王最好的辅佐，孔子晚年，尚周游列国，想实现以礼仪治国平天下的理想。自从产生了科举制度，年轻人就有了实现报效国家的雄心壮志，这就是辛弃疾所说的“功名本是真儒事”。但世事并非如所有书生所期望的目标发展，就以北宋苏轼为例，他一生多颠沛流离，远贬他乡异地。故佛家、道家中的隐逸思想也影响着文化人。

在这方面，道家中的老子、庄子学说，原是中国本土文化的一部分，在文人画中得到了最好的表现。庄子闲适自在，淡然处之，超越物欲的思想，于文学上的最好体现者是陶渊明；而几乎是同时代人的宗炳和王微，他们是庄子思想在绘画上的体现者，这一时期产生的山水画正是庄子“寄情自然”思想的印证。故高人逸士与其超脱于尘世之外的格调，历来都是文人画的最高境界。

两宋时文职官兴盛，而到了元代，汉民族及其文化受到严重的抑制，此为前所未有之局面，又因元代是异族蒙古人统治，汉族士大夫耻于为官，不愿为蒙古人尽忠尽力，这时于大批的读书人心目中，儒家的仕进思想已退居其次，老子、庄子优游自然的学说成为他们相互标榜的时尚，故元代多高人逸士。

倪瓒《安处斋图》

元代倪瓒就是其中的代表者，他的画作，格调超于尘世之外，达到了士大夫心目中最崇高的艺术境界，这也可以说是特定时期的特定产物。倪瓒对古代画评中的“逸格”推崇备至，论其渊源，北宋黄休复《益州名画录》已将逸品立于神、妙、能诸品之上，曾谓：“画之逸格，最难其俦，拙规矩于方圆，鄙精研于彩绘，笔简形具，得之自然，莫可楷模，由于意表，古目之曰逸格尔。”认为绘画之真正美妙处，不在于具体刻画之精能、赋色之鲜艳。作品的格调，好的艺术境界，是无法仿效的。倪瓒在这一理论基础上加以发展，他在给友人张仲藻的信中说：“仆之所谓画者，不过逸笔草草，不求形似，聊以自娱耳。”在自题墨竹一段文字中，倪瓒又说：“余之竹聊以写胸中逸气耳，岂复较其似与非，叶之繁与疏，枝之斜与直哉。”这也就是文人们强调的舍形取神的绘画理论，强调画中的精神因素。

倪瓒的画面以简为尚，构图几乎是千篇一律的两叠式，底下的小山岗稀疏地长着几株树木，至多也只有一间空旷的茅亭，上面远山平坡，反映出高人逸士的生活情调，简朴又超脱，所以倪瓒画中的趣味被后人视为极高的艺术境界。

明代晚期的董其昌是文人画理论的集大成者，他依据佛教禅宗有南北之分，将唐以来的画家定为“南北宗”，南宗自唐代王维始，至明代的沈周、文徵明，也就是文人画一脉，是董其昌极力提倡的。此学说流行近三百年，远及海外，日本、欧美也专有学者研究此理论。

董其昌是如何区别文人画的？他的好友陈继儒在《偃曝谈余》中归结为：“李派（李思训一脉，即北宗）极细无士气，王派（王维一脉，即南宗）虚和萧散。”稍后沈颢又说：“南则王摩诘（王维），裁构高秀，出韵幽淡，为文人开山。”从这些文字中可以看出，他们确定文人画的准则都是出于审美趣味，即具有读书人情趣的高尚格调。

董其昌虽然官居正二品，任礼部尚书，太子太保，但他喜欢闲职，以书画交友，并对佛学禅宗深有研究，自定斋名为“画禅室”。董其昌画中恬淡、超凡的韵味，是日后的追随者如“四王”（王时敏、王鉴、王原祁、王翚）仅从用笔功力方面难以达到的。

总而言之，追求高尚的审美情趣是文人画的首要因素。由此转而发展为追求高尚的人格，以人品定画品，画史上也不乏其例。宋代郭若虚说：“窃观自古奇迹，多是轩冕才贤，岩穴上士，依仁游艺，探赜钩深，高雅之情，一寄于画。人品既已高矣，气韵不得不高；气韵既已高矣，生动不得不至。所谓神之又神而能精焉。”清代沈宗骞也说：“笔格之高下，亦如人品……苟非品格之超绝，何能独传于后耶？”但笔者认为此不免过于重伦理，偏离绘画艺术本质以外。

二、“借物寓情”——文人自身的写照

文人画往往具有深刻的含意，这就是它另一重要的特点——借物寓情。

花卉画里梅、兰、竹、菊，被誉为“四君子”，象征着高尚的品格，影响后世最大。诸如此类的还有清寒的水仙，出污泥而不染的荷花，挺拔不屈的松柏等画种。

墨竹画是任何画种无法与之抗衡的，是千百年来文化人热衷表现的题材。竹的生态可以比拟高尚的人格和情操，竹的挺拔可联想到正直、高风亮节的人，立

竿中空外坚可象征虚心和率真，枝叶萧疏有洒脱之感，与文人气质息息相关。“竹如书生”一语道出了文人爱竹的缘由，东晋以来，王子猷爱竹的故事成为雅尚，文人种竹画竹，怡情养性，寄托人生情怀，画竹也就等于画人，甚至是画自己。

竹子画，五代时皆以双钩定轮廓，然后填色赋彩，此画院中常见，工于刻画，不免画家习气；而墨竹之表现与书法紧密相连，这又是文人的长处，从立竿、勾节到出枝、发叶，皆单笔画出，笔简意繁，直抒胸臆。

墨竹画至北宋后期的文同臻于完善，他是文职官，爱竹画竹，比喻君子风尚，赞美竹之形态“森寒，洁绿”，竹之品格“心虚异众草，节劲逾凡木”，竹之美妙处如“月娥巾帔静冉冉，风声笙竽清簌簌”。苏轼受文同启发，对墨竹画加以发展和推广。到了元代，绝大多数文人画家善于画竹，甚至有不擅画竹不成画家之说。明代直接称此道为士大夫画，竹子已成为文人高超品格的象征。

文同《墨竹图》

山水画科也有同样的寓意。元代四大画家中的吴镇，自比“梅妻鹤子”的宋代诗人林和靖，精通儒、道之学，他最爱画的题材是屈原词意《渔夫图》，目前能见到的就有数本之多，上海博物馆藏有一幅横长卷，台北和北京故宫博物院各有一立轴，张大千携一幅至海外。这些画面展现出水阔天空，山色葱郁，渔舟荡漾之美景，皆水墨渲染，沉郁滋润。吴镇是嘉兴人，生活在水泽渔乡，他不厌其烦地描绘“一叶随风万里身”的题材，实际也展现了这位文人画家寄兴山水的自我情思，是他自身隐逸生活的写照。

吴镇《渔父图》

三、漫谈诗情画意

中国人最懂得将诗与画结合起来成为专门的艺术。这应归功于文人画家，或者说是诗人兼画家。英国贡布里希说：“中国人是第一个不把作画看作相当卑下的民族，他们把画家跟富有灵感的诗人摆在同一层次上。”（《外国学者论中国画》）再看，被后人定为文人画始祖的唐代王维的长处就是“诗中有画，画中有诗”，故“诗情画意”是中国文人画重要的标志。

文人画于元代大发展，几乎出现了每画必题的倾向。此后，中国优美的题画诗层出不穷，不仅可以完善画面的寓意，也可以补画之不足，这是民间画家无法企及的。

中国的文人画集诗、画之长，彼此相得益彰，从某种意义上说，是综合性的艺术。画给人以具体入微的美感，通过题画诗产生更多的联想，超越画面所描绘的范围，从语言、文字等方面增强了画面的深刻寓意。

王冕有一首赞美梅花的小诗：“吾家洗砚池头树，个个花开淡墨痕。不要人

扬无咎《墨梅图》

夸好颜色，只留清气满乾坤。”观墨梅图，再细读此诗，由单纯的画面美联想到人世间纯朴的品行，这就是诗、画结合的妙处。

倪瓒题郑所南画兰花诗：“秋风兰蕙化为茅，南国凄凉气已消。只有所南心不改，泪泉和墨写《离骚》。”诗中暗喻郑所南对南宋故国山河的热爱与怀念，由郑所南画的兰花，进而联想到屈原《离骚》中曾赞誉兰花之高洁，引申出郑所南就如同屈原怀有一颗真诚的心。

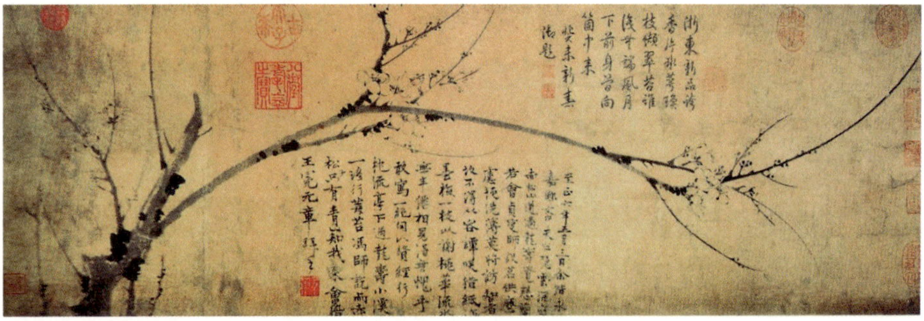

王冕《墨梅图》

徐渭是明代文人大写意画家，用笔水墨淋漓，他自画《青藤书屋图》，题为：“几间东倒西歪屋，一个南腔北调人。”前句直抒画艺，后句读来令人捧腹，此诗的含意是再高明的画家也无法描绘得出的，体现了作者玩世不恭、自嘲嘲人的个性。

明清以来，擅长诗情画意的文人画家时时可见，惯写真山水的石涛，一反时弊，同时也是题画高手，他总结说：“诗中画，性情中来者也，则画不是可拟张拟李而后作诗。画中诗，乃境趣时生来者也，则诗不是便生吞生剥而后成画。”提出诗、画应相得益彰，不可生搬硬套。

石涛《山原春涨图》

当代杰出的文人画家齐白石，有一幅《不倒翁图》，至今众口传誉，原因就是诗、画结合之妙，他在长条幅的下半端画一泥塑七品官，形象如戏剧中的丑角，白粉涂面，执扇团坐，其上半端的题诗寓意深刻："能供儿戏此翁乖，打倒休扶快起来，头上齐眉纱帽黑，虽无肝胆有官阶。"这分明是对旧式官场的辛辣讽刺。

反之，画家不善诗文，无疑被视为一大缺陷。晚清画家任伯年，是各画种的全才，人物、花卉、鸟兽，勾勒造型，一时无出其右，可惜文化修养不足，不能题句，画虽好近乎匠，流于俗；吴昌硕生前深深佩服他的画艺，论画技，吴绝非如任之精能，但吴昌硕诗才敏捷，题跋多得趣，诗、画相得益彰，故后人评其总体艺

齐白石画

术不在任伯年之下。

古典诗词流传至今，曲高和寡，不无遗憾之处，当代名画家陆俨少建议倡导小品文人画，提出“清新简练，立意要新，词藻要美”的原则，也是一种很好的尝试。

四、书法增进画技

赵孟頫画

文人画初始，往往不以技艺为能事，但仅凭草率的笔墨方式，终究不能代表文人艺术发展的高水准。

元代文人画兴盛，同时还表现为技艺方面的改进。元以来的文人画用笔为“写”，如同书法，饶有趣味，这集中表现在赵孟頫等人的“书画同源”理论上，通过将书法用笔融入绘画，文人画从技术上得到了发展和完善。

赵孟頫有一首著名的论书、画用笔同法则的诗歌：“石如飞白木如籀，写竹还应八法通。若还有人能会此，须知书画本来同。”此后被人广为引证。赵孟頫本人在这方面的实践也达到了元初文人画发展的顶点，他是书画方面的全才，精善各画种。赵孟頫的人物、鞍马画能上溯唐代人，山水取法五代、北宋人，花卉、木石以草、隶出之。他的画，赋色浓重而不燥，饶有“古意”，用笔圆润、含蓄，故赵孟頫的画论，很大程度上追求的是笔墨趣味。

董其昌的《容台集》曾有这么一段文字：“赵文敏（赵孟頫）问画道于钱舜举，何以称士气，钱曰：‘隶体耳，画史能辨之，即可无翼而飞，不尔，便落邪道，愈工愈远。’”主张文人画多隶书用笔。

赵孟頫的友人或前辈中，主张绘画以书法用笔的大有人在，如：柯九思是元代画竹大家，继承文同、苏轼余风，曾说：“写竹干用篆法，枝用草书法，叶用八分法，或用鲁公撇笔法，木石用折钗股、屋漏痕之遗意。”

汤垕《画鉴》记载：“赵孟坚子固，墨兰最得其妙，其叶如铁，花茎亦佳。作石用笔轻拂如飞白书状，前人无此作也。画梅竹、水仙、松枝，墨戏皆入妙品，水仙为尤高，子昂（赵孟頫）专师其兰石。”说明赵孟頫在许多学者的基础上，完善了书画用笔理论，也完善了文人画的技艺。

文人画家强调笔墨趣味。明代唐寅说：“工画如楷书，写意如草圣，不过执笔转腕灵妙耳。”清代笪重光进一步说：“故点画清真，画法原通于书法；风神超逸，会心复合于文心。”指出了文人画与书法、诗文相通的重要特点。

清代书法的变更也导致画面的用笔产生了改变，清代书法将独到的金石韵味运用到创作中，然后再化为绘画用笔。

清代的海上画派继扬州画派产生了新的飞越。赵之谦首创以金石、碑版书体入画，用笔阔大，其花卉如菊花、牡丹、绣球、苍松皆色调醒目，时有新意，评者谓得之于金石气。稍后的吴昌硕是这方面的杰出代表，他早年刻印如痴如迷，摹写石鼓文字，故他以后作画集印章中的金石韵味，用篆书法，笔力遒劲，浑朴厚重，确实为文人画技艺开辟了一个新天地。吴昌硕门庭极广，影响者众多，尤其是江浙一带，流风所及，至今不衰。20世纪以来，日本书画家每每雅好吴昌硕的艺术风格，他的作品更加得到重视。齐白石晚年走的也是这条艺术道路——将印章的金石味渗入画中，齐白石于北方京津地区影响甚大，他是距我们时间最近的文人画宗师。

五、结语

文人画是我们祖先宝贵的财富，所以这一优秀的文化传统无论现在还是今后都应该得到保持和发扬。现代各学科分工日见细致，而文人画的发展是一门综合性的艺术学科。宋代人赵希鹄在《洞天清禄》中说："胸中有万卷书，目饱前代奇迹，又车辙马迹半天下，方可下笔。"前者是指画家应具备的理论知识，后者是指实践，这就是"读万卷书，行万里路"的理论。古代的文化人将没有理论基础的画视为匠人艺术，故绘画与文化修养相结合是文人画发展的目标，可立绘画艺术于哲学思想之高度，其生命力必然久远。我们对于古代优秀的文人画传统，应开拓思想，不断探索与追求，注入新鲜的血液。

董其昌的题跋和书风

说到上海地区，溯其渊源，虽然与中原或其他地区的文明相比显得稍晚，但自宋、元始，它日益繁荣的情况已不容忽视了。元、明以来，这一管辖区被称为

董其昌画

松江府。明代中后期松江府的丝织业和其他商品经济的兴盛，也带动了文化方面的发展，以苏、松为中心，文人墨客常汇集在一起，仅画史上，就有吴门派和松江派。在此，笔者想着重阐述当时上海地区著名的艺术家董其昌的成就。

董其昌，明嘉靖三十四年乙卯（1555年）生，崇祯九年丙子（1636年）卒，松江华亭（今上海市松江区）人，字玄宰，号思白、香光居士、思翁。他出身于官僚家庭，家境优裕。少年时就在私塾和父亲汉儒的传授下学习诗文经典，关于他最初的启蒙老师，据董自述，十八岁时曾在莫如忠先生的私塾中学习，“荏苒十五年”，直“至岁丙戌”，这十五年的学习对董后来的事业至为重要。

在学业上，董其昌不愧为“天才俊逸”，有“少负重名”的美誉。明万历十六年（1588年），他来到了当时的首都北京，因其学识深广，很快就被京都士人所重。第二年，董其昌又中进士名榜第二。在以后的官场生涯中，董总是靠某些重要人物的帮助，最后达到南京礼部尚书的显官，太子太保的荣誉头衔。其地位，在中国古代艺术家中是少有其匹的。

一、董其昌的书法

董其昌的书法，清逸古雅，风韵独具。他在书法上的造就，与其广博的见识及收藏的嗜好是分不开的。就在董其昌中进士后的第二年（万历十九年辛卯，1591年），他送馆师田一镌的灵柩入闽中，然后告假回到了华亭。在那里，他开始大量收集前代名贤字画。据他自述：“辛卯请告返里，乃大披吾乡四家泼墨工作。”同时，《容台别集》也说他向同里顾正谊、宋旭借画临习，又记载他“与项元汴交善，屡得借临”书法之事。

二、董其昌的收藏

董其昌的收藏是极丰富的。他的《画禅室随笔》记述有：“董北苑《征商图》《云山图》，赵子昂《洞庭二图》《高山流水图》，李营丘《著色山图》，米元章《云山图》，巨然《山水图》，李将军《蜀江图》，大李将军《秋江待渡图》，宋元人册页十八幅。”这些画看似与书法无直接关系，实则古画历时久远，在画卷上往往有许多诗文跋语，还有画家本人的题款，字迹多出自著名书家之手。

翻阅董其昌的著作，也有不少叙述他见识到的古帖。《画禅室随笔》曾记载他题跋古帖的情况，主要为："题绛帖一卷后，题娑罗树碑后，黄庭经跋，书禊帖后，题禊帖黄庭各帖后，题云麾将军碑，题颍上禊帖小本。"前后共四十种，其中大多是历代流传的最好书法作品，这对于扩大董的眼界，丰富他自身的书法无疑产生了重大的影响。

董其昌画

三、题跋看他的书风

面对古代的优秀作品，董其昌在不知什么时候养成了好题跋的习惯，这除了以上写到的四十多种前代法帖外，还表现在他所收藏和所见的其他字画中。《画禅室随笔·评旧画》记述了他在十七种手卷、立轴或册页的综画中作的题跋。而事实上，我们今天能见到的有关他在字画上的题跋远不止这些。如果翻阅郑威编著的《董其昌年谱》，就可以发现，董其昌一生的书法绝大多数存在于他对前人作品的题跋之中，他自己的作品也常常采取长卷或类似的形式。因此，笔者认为，从董其昌的题跋中最能看出他的书法风格特点。

追溯董字的开端。董其昌虽然天资聪慧，却不是从小就善于书法的。他自己讲过这么一件事："先是吾家仲子伯长，以与其同试于郡，郡守江西袁洪溪以余书拙，置第二。自是发愤临池矣。"说明董曾因为字差，在郡试中屈居第二，他的家侄董原正（字伯长），凭有一手好字名列第一，这一打击是他以后发愤学书的重要原因。董其昌学习书法的情况，自述为："余十七岁时学书。"他的书法老师，前人少关注，董自己也没有明确提出过。《容台集》卷二说他十八岁时在"莫中江先生家塾"读书。莫中江名如忠，是画家莫是龙的父亲，精书法。据董其昌后来所述："吾乡莫中江方伯，书学右军……其沉着逼古处，当代名公，未能或之先也。"

在以后，董其昌论及上海地区的书法时，又屡以莫如忠为例，说明董对他的书法是极为推崇的。关于莫如忠书法对董其昌的影响，目前虽没有直接的文字说明，却也可以从董的自述中窥视到，《画禅室随笔·评法书》说："见王右军《官奴帖》真迹，俨然莫公书，始知公深于二王。"对于此帖，董其昌极为重视，可谓胜过其他诸帖，这不可以不说受莫如忠的影响吧！

除此，董其昌学习书法的方法与学画一样，主要是从古代的优秀作品中吸取精华。如果查阅有关的书籍，就可以得知：董其昌热衷于同一些收藏家交往，以此来提高自己的眼界和创作。和他往来的著名收藏家有：苏州韩世能，他是董其昌中进士时的馆师；太仓王锡爵，即以后"四王"之首王时敏的祖父，与王锡爵相交无疑对董其昌在后世的影响起了重大的作用；还有与董其昌同为华亭人的陈继儒，也是他毕生的艺术知友；嘉兴项元汴，明末非常显赫的收藏家。另外有吴廷、陈与郊、王世贞、茅元仪、汪宗孝、许国、华察、黄承玄、赵用贤等人。其中韩世能、项元汴、吴廷、陈继儒与董其昌的关系最密切。这些苏、松地区或附近的收藏家，是当时著名的学者、达官，对董的书法，甚至艺术以外的声誉都有所帮助。从另一面说，董其昌有题跋的癖好，也喜欢题在与他相熟的这些收藏家的藏品之中。

在题跋中，应用得最多的当然是行草书，据董自言："最得意在小楷书。而懒于拈笔，但以行草行世，亦都非作意书，第率尔酬应耳。"行草书常用于应酬，但这种书体也最能代表他的风格。他的行草书初学唐代颜真卿、虞世南，继学魏晋，主要深入于二王法帖，这也就是他认为的“唐书不如晋魏，稍去而之钟王”的时期。经过三年多的刻苦学习，又加之他聪慧善学，看来他的书法已很出色了，于是不免趾高气扬，用他自己的话来说：“自谓逼古，不复以文徵仲、祝希喆置之眼角。”得意到连当时书法名声最高的文徵明、祝允明都不放在眼里了。当然，不久以后，他就看到了自己的短处，他后来总结这一时期的书法时说：“乃于书家之神理，实未有入处，徒守格辙耳。”看来董其昌不愧是一位出色的艺术家，有自知之明。他有这样的认识是因为看到了嘉兴项元汴收藏的众多名帖，对之“方悟从前妄自标评”。董其昌的心境几乎一落千丈，由极自负到极自愧的情况下，他甚至想焚笔废砚，从此不再致力于书法，但与此同时，他也领略到了自己的眼界正在提高。

在以后收集古帖的过程中，他逐渐将注意力转向宋人的书法，这就是他自己所说的“更二十年学学宋人”时期。从时间上推算，由十七岁到看见项氏的收藏，大致也是二十年时间，董其昌自谓学宋人“乃得其解处”。

今人所见的有关董其昌的书法，确实取法宋人最多。董其昌的行草书，分行布白多得自杨凝式，结字运笔在苏轼、米芾之间，却又不近似苏、米。在历代书法家中，董其昌最为推崇的是米芾，所学最多的也是米芾。董其昌自己也认为：“吾尝评米书为宋朝第一。”在董其昌一幅名为《仿米南宫山水卷》的画里，他所敬重的收藏家项元汴的孙子项圣谟曾有这样的跋语：“董宗伯真米南宫后身也，从米仿米家书画者，如高房山、方方壶，沈石田多人，未有若宗伯之得其神韵如是卷者矣。”

然而，今人看待董其昌的书法，并不会将他等同于米芾、苏轼，杨凝式或二王等人的字迹，董其昌的书法还是有其自身独特的风格。他虽然注重于从大量的古帖中吸取精华，却不忘记自己的追求。

董其昌的字外修养是同时代人很少能与之比拟的，他除了擅长书法，还是非常出色的画家、鉴定家、收藏家、禅学家和文学家，他的这些众多修养集中表现在艺术作品的“韵味”里，从而在观赏情趣中突出他自己的特点。

董其昌说：“晋人书取韵，唐人书取法，宋人书取意。”董是位博取广收的书家，而且见识多，体会也一定是深刻的，就像是对于绘画，他总是选择自己认为最好的作品学习，不管是处于不同的朝代，董其昌的字用笔圆转，这同他年轻时学习虞世南的书法不无关系，在具体书写时，他主张“须提得起笔，自为起，自为结，不可信笔”。说明董书是很注重法度的，然而董其昌在书法中最注重的还是“韵味”，他曾说：“书之妙道，神采为上，形质次之，兼之者方可绍古人。”书法自魏晋以来，一般强调的只是用笔的变化，而董其昌却说：“字之巧处在用笔，尤在用墨。”墨的变化主要表现在绘画之中，目前传世的有关董其昌的书法，字中多夹以淡墨，说明董故意用画的因素来丰富他的书法，从而使他的字更立体多变且具有韵味感。再则，董书独具风韵也与题跋紧密相关，董其昌的题跋常写在前人书法、绘画和他人的诗文题记之中，这样的字，不仅要考虑到书法本身的艺术性，还要考虑到它与绘画和他人题跋的协调性，且所题尺幅有限，内容往往是供人赏阅的诗文，这就决定了所书字迹韵味的重要性。作为鉴赏家，收藏家，具

董其昌画

有多方面修养的董其昌也正适宜写出这样的书迹。

粗看董其昌的书法，似乎形式较散而不统一，董自述："书楷当以黄庭、怀素为宗，不可得，则宗女史箴。行书以米元章、颜鲁公为宗。草以十七帖为宗。"体现了他学书的思想，从他所写的多种书体看，也正是如此。但不管董其昌运用哪种字体或临写古帖，令人都可以一眼断定，而不会错认为他人所作，这主要是因为董其昌所特有的疏旷、恬淡的韵味，将其各种字体统一于一身了，这种韵感是难以刻意求得的，从另一方面也说明了董的字外修养是异常高深的。

书法作品的"韵味"感，其实是一种较好的格调。它属于审美趣味方面的，它与技法有关联但也并不完全靠技法来表现，它能让书家们感知得到。笔者认为：在审美趣味上变更同样也能使得某一书风的特点较为显著。这就使得董其昌虽有崇古的一面却同时也是个强调自身个性的书家。他曾说："学书不从临古入必堕恶道。"又说："吾书无所不临仿。"但他强调说："书家未有学古而不变者也。"在他的一幅行书《雪赋卷》里，董其昌有这样的跋语："客有持赵文敏《雪赋》见视者……遂自书一篇，意欲与异趣，令人望而知为吾家书。"这些都表明了他保持艺术创作独立性的看法。

总之，董其昌的书法能广学前代名迹，在看似平淡、天真的基础上表现自己的个性，这是很难的，这种追求也是很高深的，令人能一眼看出董字，说明其特点也是强烈的，董能做到这一点，也由他特殊的地位所决定。董其昌身居显官，声望卓著，他的字画就连当时的皇帝也很器重，他所占据的土地据《民抄董宦事实》记载，有"膏腴万顷"，真可谓惊人，所以他才有能力收购和见到前代众多的名迹，并用来丰富自己的字画，在书画史上，像董其昌这样全面的人物以前只有米芾和赵孟頫，后来也很少有人能赶上他的。

说到董其昌在书法史上的地位，他自己也是很自负的，早在他临学钟、王时，董就不把比他略早且享有盛名的文徵明、祝允明放在眼里了，他评文徵明的

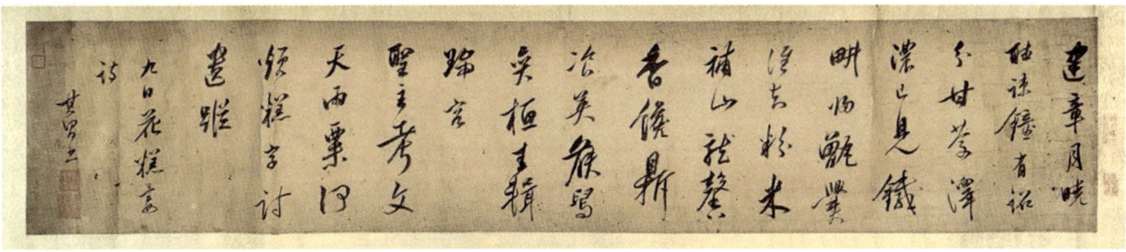

董其昌诗卷

字："尽态极妍则有之，得神髓，概乎未有闻也。"在讲述了松江各家的书法后，董其昌说："余书则并去诸君子而自快，不欲争也，以待知书者品之。"董其昌不愿他人对自己的书法作评判并不是自谦，他说留待后人评定，是因为不想直接说出自己的看法。董其昌有这样的话："吾于书，似可直接赵文敏，第少生耳。而子昂之熟，又不如吾有秀润之气，惟不能多书，以此让吴兴一筹。"董其昌一生最乐意的就是将自己与赵孟頫并论，曾说："吾书与赵文敏较各有短长，行间疏密，千字一同，吾不如赵，若临仿历代，赵得其十一，吾得其十七，赵书因熟得俗态，吾书因生得秀色，赵书无弗作意，吾书往往率意，当吾作意，赵书似输一筹。"看来董其昌并不将自己置于赵孟頫之下。后人也爱将他与赵相并论，在他死后，被追谥为"文敏"，和赵孟頫的谥号一致，也一定有这种因素吧。

董其昌的影响极大，他在当时就有艺坛盟主的地位，有人对他说："公赝书满海内。"伪造董其昌的字无法计算，可见学董字的人不知有多少了。入清以后，董其昌的影响力愈发扩大。特别是清代康熙时期，皇帝于1705年南巡，亲自来到了董生前的故居，为董家祠堂题"芝英云气"四字，董的声誉日益卓著了。同时，正在盛行的"四王"画派主要也遵循董其昌的思想和审美准则，这也直接关系到了对董字的重视。一时学董字的名家辈出，如：沈荃、王鸿绪、张照、刘墉、王文治、查士标等人，其中尤以张照、刘墉、王文治最为卓著。张照与董其昌同为华亭人，学董字，书名显赫一时被人视作规范，在官方也有馆阁体之首的称誉。刘墉为山东人，学董字而能浑厚。王文治为江苏丹徒人，他学董字正巧与刘墉相反，刘墉以力胜，王文治以韵胜，刘墉笔墨浓重，王文治淡雅清真，可谓各得其所。更何况三人都是显要人物，其官品并不次于董其昌。刘官至东阁大学士，即相当于宰相的职位，学识渊博，深为当时的读书人敬重。因而，清初的书坛上，三人的声名极大，也可以说，董其昌的书法在当时受人重视，这一风气延续了很长时间，直到北碑之风兴起，董字的影响才逐渐转弱。

专题探寻·篆刻篇

印章艺术漫谈

田黄石

印章，从较高的境界追求，可称之为“篆刻艺术”，通俗的看法，就是“刻图章”。

中国的印章始于什么年代？大致为春秋战国时期。政治、军事发展到一定程度，私有财产也有所归属，作为身份、权力、财物凭证的印章就应运而生了。但它最初称为“玺”，秦始皇兼并各诸侯国，将“玺”作为皇帝个人的凭信，臣民为了区分，才有“印”和“章”字的出现。到了中古时代，唯一的女皇帝武则天却别出心裁，她嫌“玺”与“死”音通（今吴语仍同），又改为“宝”（如“皇帝之宝”），后来帝王就将“玺”与“宝”互用了。

为什么会上升为“篆刻艺术”呢？简单地说，若从艺术的高度来衡量，印章至今所用的字体，以秦汉时的篆书最为妥帖，故篆刻家必须识篆、书篆。秦代的小篆每每以东汉人许慎《说文解字》为标准，汉篆以清代人所编的《汉印分韵合编》收录文字为最多。

篆刻如何入门？根据古今绝大多数艺术家的实践体会：先学习秦汉印的表现形式，将范围缩得更小些，可从摹刻汉印入手。明清以来的篆刻家对此早有总结，认为“汉、晋印章传至于今，不啻于钟、王法帖”。通俗点说，就是汉印的艺术成就，对于学刻印者的启发，就好像是练书法的人，必须学习钟繇、王羲之的字体，其道理是一样的。故摹刻汉印入门被认为是篆刻艺术的正路，由此结合不同的个性和审美观，造就出一代又一代的篆刻艺术家。

汉以后，至南北朝，唐、宋时期，可谓印章艺术的低谷。究其缘由，主要是篆体字在日常生活事务中完全失去了实用性，隶书、楷书盛行，刻印的工匠文化水平不高，对于篆体更缺乏研究，多错字。唐以后，官印文字随意盘曲，缺乏起伏、变化，出现看似一律的“九叠文”印章，总体艺术性不高。（但近人对于九叠文的看法，也并非一无可取，具体还要仔细分析。）

民间方面，唐时已有闲章，宋、元以来的私印，也有不少可观赏之处。因印泥已产生，多朱文。有的样式如同古鼎、葫芦、鱼，却也别有趣味。元代出现大量的押字姓氏印，长方形，大小如秦汉时的半通印，朱文，上面一字似楷非楷，下面花押，很有艺术性。

自元代始，中国书画上的落款、题跋、钤印日趋完好，一些文人书画家开始正式对印章艺术进行研究，重新认识小篆、汉印文字，并将唐代李阳冰的篆体书加以改进，形成一种新颖独特的细朱文印章风格，后人称之为“圆朱文”（或元朱文），代表人物为吾丘衍、赵孟頫等人，可谓中古以来印章艺术的一大发展。

中国印章艺术走向成熟，相对于书画而言是很晚的，元、明时代的文化人，虽然自己设计印稿，却付与工匠镌刻，因古代印材多用铜质，坚硬不易入刀。

艺术家真正自己动手在石章上刻印，始于明代中后期，据清初人周亮工记载：著名书画家文徵明的长子文彭，在南京某桥头，看到一担夫与人争吵，围观者甚多，原来担夫挑着两筐青田冻石，上桥时被撞翻，不少石材跌碎了，闹着要赔偿。文彭一看突发奇想，他与担夫说这两筐石自己买了，众人皆大欢喜。这种青田冻石，因价格低廉，宋、元时作为民间女子的首饰，自文彭始，成为印章艺术的最佳材质，他也被后人称为流派印的祖师。

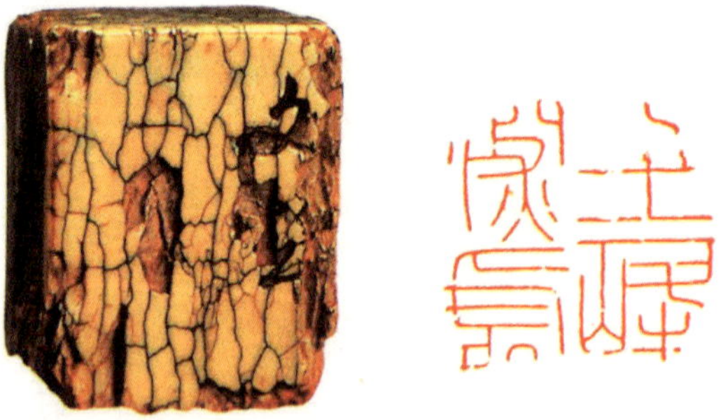

文彭刻印

入清以后，随着金石、碑

版等考据学盛行，出现了印章艺术中的两大流派：一是丁敬为首的浙派，刻印用切刀法，结体方正平直，苍茫含蓄；另一是邓石如为首的皖派，用冲刀法，风格圆转流畅。吴熙载以后，皖派影响日盛。到了晚清，印泥制作更加完善，有助于表现出印面的立体感。一代杰出印人融浙、皖两派技艺之长，风格多变，各领风骚。如：赵之谦、吴昌硕等人影响江、浙、沪一带，黄士陵影响徽州、两广，流风所及，形成印章艺术的高峰。

赵之谦刻印

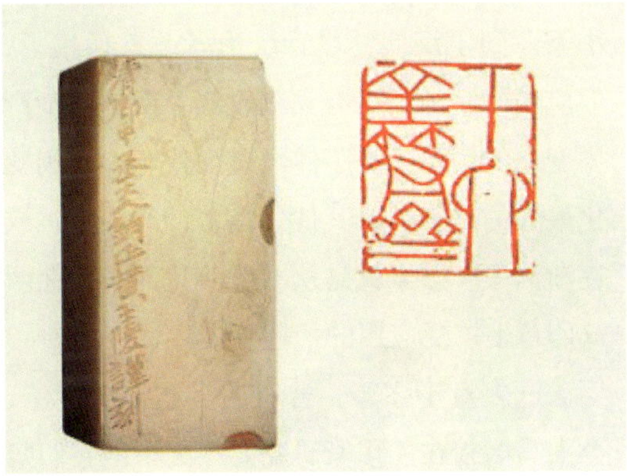

黄士陵刻印

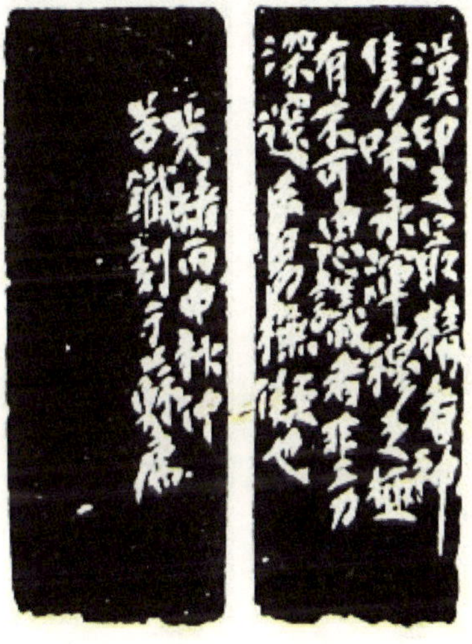

吴昌硕刻印

汉代印章文字缪篆名实考

汉金印

秦汉两代是中国文字史上最重要的变革时期，秦始皇统一中国后，以法律的形式把六国文字统一为小篆。但根据前人的记载和今人所见的实物，可以肯定的是：小篆并不是当时唯一应用的字体，正规的小篆只有在泰山、峄山、芝罘等碑上才能见到，秦代大量的诏版、权量、简牍上的字体都非规整的小篆。到了汉代，尽管统治者改姓换代了，但应用的字体并没有立刻改变，而是逐渐产生变化的。秦代的字体经过汉代，发展和变化最大的是隶书，其他书体，或经演变，或逐渐消失。缪篆就是从秦代演化而来，在两汉印章上广泛应用的一种字体。

过去对于缪篆，曾有诸多不同的看法，今人马国权在《缪篆研究》一文中把它们归为三种，并指出实质只有两种：其一认为缪篆是汉印中平正方直的字形；其二认为缪篆是像一根带子那样缠绕弯曲的字形，并且两种看法都认为这些字形是填满的。关于释“缪”，这些看法都认为缪篆之“缪”

应作“绸缪”解释，根据是《诗经·豳风·鸱鸮》“迨天之未阴雨，彻彼桑土，绸缪牖户”之句。这一观点，源于明代徐官《古今印史》“缪篆”这一条，徐官说：“缪字，今人多读作缪，误之。缪，去声，非是。官以理推之，当读如‘绸缪牖户’之缪，平声。盖言篆文屈曲填满如绸缪也。”

汉玉印

笔者对此有不同的看法：按东汉许慎《说文解字》：“缪，枲之十絜也。一曰绸缪，从糸翏声。”（清代段玉裁注：“枲即麻也，十絜犹十束也。”）徐官将缪篆之“缪”解释为“绸缪”正是根据这一条。但许慎解释“缪”字，又提出“绸缪”一词，并没有说这就是缪篆中“缪”字的含义，《说文解字·序》说，新莽时，“颇改定古文，时有六书……五曰缪篆，所以摹印也”。只提出了缪篆的名称和它作为摹印的用途。徐官说：“官以理推之，当读如‘绸缪牖户’之缪”，这种看法并不确切，清初朱象贤曾评徐官的《古今印史》有“拘泥字体，且以成语取巧凑合诸说，笔之于书”之言。

据流传至今的汉印来看，平正方直而填满，屈曲如带子而填满的印文都只是汉印中的一部分，这些大多见于汉官印中的铸印和私印中的一部分，而很多凿印、将军印和部分铸印、私印并不填满，甚至也不平正方直。所以分汉印字形为平正方直而填满和盘曲如带子而填满两种不免失之于片面。

那么，究竟“缪篆”是什么含义呢？

许慎在《说文解字·序》中对此没有作解释，按《诗经》，“缪”字常与“绸缪”两字同时出现，如：《诗经·豳风·鸱鸮》《诗经·唐风·绸缪》，而汉代“缪”字的含义并不只限于“绸缪”一词。

据《史记·鲁周公世家》：“武王有疾，不豫，群臣惧，太公、召公乃缪卜。”裴骃《集解》：“徐广曰：古书穆字多作缪。”

东晋徐广之言可以从其他书上得到引证，如：《礼记·大传》：“序以昭缪”，

玉印

"缪"应通作"穆","昭穆"为古代宗庙秩序。《春秋公羊传》(转见《康熙字典》"缪"条):"隐三年……葬宋缪公。"释为:"缪,左氏作穆。"

关于"穆"字:

据《诗经·大雅·文王》有"穆穆文王"之语,《尔雅·释诂》谓:"穆穆,美也。"又,《尔雅·释训》谓:"穆穆,敬也。"

又据《诗经·大雅·崧高》有"穆如清风";《诗经·周颂·雝》有"天子穆穆";《诗经·周颂·唯天之命》有"于穆不已"之语;《管子·君臣下》有"穆君之色"之语。

按以上所述,"缪"通作"穆",有美好、和惠、端庄之意,笔者认为:缪篆之"缪",就应该作这样的解释。

古代的玺印,从一出现起,私印表信,官印既作为身份又作为权力的凭证,官员死迁、免职必解除印绶,如《韩非子·外储说左上》有:"(赵成侯)夺其玺而免之令。"《汉书·霍光传》:"(霍光)乃执其手,解脱其玺组。"北宋沈括《梦溪笔谈》:"古之佩章,罢免迁死皆上印绶"等语都证明了这一点。按明代何震《续学古编》所引《汉旧仪》:汉代有严格的印章制度,什么等级的官爵佩戴什么样的印绶,而印章上的文字是作为凭证的唯一方法,古人对此必定重视。许慎说汉印上的字体称为缪篆,按裴骃所引:"徐广曰:古书穆字多作缪",缪篆之"缪"应通假为"穆",有美好、端庄的含义,这也正表明了汉代人对于印章的重视。

其次,要进一步探讨的是:"缪篆"究竟是什么样的字形呢?

笔者认为:按许慎《说文解字·序》的本意:"五曰缪篆,所以摹印也",就是说所有汉代印章上的字形都叫缪篆。汉印字形面目很多,有平直方正而填满的,有屈曲如带子而填满的,有平直方正并不填满的,也有并不平正方直的凿印上的字形,这些都应该归之为缪篆!

制造技术的不同是汉印面目繁多最重要的因素，我们不能归之为印章上面的字形本身有什么差别。

秦代的印章，除了凿制以外，很少用其他方法制成，故秦印以较单一的面目出现，到了汉代，除凿印以外，大量的都是铸印，还有一批数量可观的琢制而成的玉印。铸印字形多平整填满，玉印平整而不填满，汉凿印因制作方法与秦印相同，呈现出来的面目也与秦印有相近之处，尤其是西汉早期的凿印，许多印文都很错落。

但应该看出来，这些因不同制法而造成不同印章面目的字体是一致的，差别只在于一字多写法，一字多写法的字形许多都是为了适应印面的安排而加以变化的，这些可以参见《汉印分韵合编》《缪篆分韵》和《汉印文字征》等书。

下面我想说明什么是汉印中盘曲如带子的字形。

明代沈野《印谈》，在讲述了汉、晋印章以后，然后说："六朝而降，乃始屈曲盘回如缪篆之状。"始认为这种屈曲盘回的字体就是缪篆。

清代陈介祺《十钟山房印举》"举二十八"中归之为"殳篆"，但并没有加以详细的说明。

现代罗福颐、王人聪在《印章概述》《古玺印概论》等书上也指出：只有这种字体才是"缪篆"，符合"绸缪"之意，并说："想是当时的美术字"。

对于上述说法，笔者在前面已经提出：缪篆之"缪"通"穆"，不作"绸缪"解释，没有盘回之意，故认为这些看法不确切。

也有人认为这属于鸟虫篆之类。

现代李学勤在《谈"张掖都尉棨信"》一文中举"薄戎奴"一印为例，并将鸟书与虫书分为两种字体。

按许慎《说文解字·序》所述秦书八体："四曰虫书。"北宋徐铉注："徐锴曰：'案《汉书》注，虫书，即鸟书，以书幡信，首象鸟形，即下云鸟虫是也。'"此处的"即下云鸟虫是也"就是指许慎在同一序中所说新莽六书中的"六曰鸟虫书，所以书幡信也"这一条，徐锴所谓案《汉书》注是指《汉书·艺文志》颜师古注："虫书，谓为虫鸟之形，所以书幡信也。"

关于鸟虫书的命名，笔者在此赞同徐锴的看法：虫书，即为鸟书，也就是鸟虫书，三者名不同实相同。按许慎所言：鸟虫书是作为书幡信而用的，缪篆则作为汉代摹制印章而用，从秦印字体"摹印篆"发展而来。汉印上盘回的字形在书写时较之于其他字形要慢得多，有的在字上面饰以鸟、虫、鱼形，就像罗福颐、王人聪所提出过的，是出于美化，“穆”字就有美化之意，故这种字形应该作为缪篆的一种，即为汉代出于装饰的一种缪篆。

附录

春晖堂诗词选

（海上正平周宓　30 岁前后吟稿）

一、春晖堂诗选

1. 七言绝句

画雪山探梅图自题

迢递关山几度回，何方逸士访寒梅。
从来高格凭谁识，唯见青光照玉台。

画山水自题

明月江乡足话闲，此身恰似在仙寰。
若为林下茅庐客，长与樵公饱看山。

又画山水自题

笔底青山满赤霞，扁舟娱性近仙家。
何时赋得闲情后，还向篱边问菊花。

画修竹自题

每将修竹比书生，疏影欹斜格韵清。
移植斋前终耐赏，夜来溪雨化青琼。

读张珩《怎样鉴定书画》，感黄公望《富春山居图》真伪两本之流传

痴绝一峰出富春，前贤创稿具艰辛。
碔砆毋作璠瑜论，千古砚林共赏真。

读李斗《扬州画舫录》

翠华声事逐江潮，稗史传来幸可邀。
二十四桥清梦里，笙歌画舫又今宵。

今井凌雪教授来复旦大学作“王羲之研究”讲座，感赋

论书羲献述源泉，习帖抚碑皆贯连。
纵使陈思才迅捷，也须一一自精研。

咏杭州西泠印社

绿柳长堤入画图，荷风晓雨傍西湖。
年年刀管还珍重，老缶丁黄是楷模。

赠杭州友人宋烜

曾记昔年对语欣，燕园剪烛入宵分。
自听一棹西泠去，枉教飞鸿远寄君。

梅萼旁庭玉干姝，雁来索绘旧游图。
友人字画相珍重，明月书窗且悦娱。
注：复旦大学校内有燕园。

画菊花自题（和苏渊雷先生诗韵）

霜菊经秋簇簇新，清风篱落自超尘。
陶公逸兴今安在，唯借笔颠作解人。

乙亥（1995年）秋，悼苏渊雷先生

苏子才情谁得似？右军气韵笔生辉。
秋风泪湿东篱下，吟赏烟霞醉未归。

丽江记游

庚辰（2000年）之夏，余经贵阳、黄果树、南江等地，又至昆明、大理、丽江，行前，回望玉龙雪山，女导游清歌一曲，不觉留连。

相送清歌又一程，玉龙山雪隔云横。
名泉三叠绵何极，短笛声中待月明。

奉和喻蘅先生“玖园春兴”诗五首

辛巳（2001年）三月，余走访复旦校园，喻蘅师见示“玖园春兴”诗，命步其韵，归来不眠，成此五首：

一树梨花晓色鲜，绿杨桥外赏心天。
今年恰是春光好，处处芳菲喜自妍。

摇绿嫣红缀满枝，玉人新洗淡凝脂。
桃花遍映邯郸路，十里薰风次第吹。

数竿修竹入帘斜，滴翠含烟带露花。
此景天然成画本，何须紫艳竞芳华。

放眼层楼耸四围，多情我自立斜晖。
恍如二十年前事，共析奇文戴月归。

碧影藤萝绕屋门，年年走笔忘晨昏。
先生已是人书老，漫写春风到故园。

附：喻蘅先生“玖园春兴”诗

绿靓红嫣春色鲜，晴风十日养花天。
今年都说春光好，积李崇桃各自妍。

剪彩吹香花满枝，海棠如绣绽胭脂。
熏风也有怜才意，特地轻盈缓缓吹。

千竿萧竹自欹斜，障雨屏风荫小花。
荐与何人作画本，不随婪尾竞芳华。

高树葱茏碧四围，小楼如梦对斜晖。
当年文苑传薪处，绿屋先生久不归。

萝屋萧萧昼掩门，含蕾桃竹侍晨昏。
畴人久示维摩疾，待庆期颐返玖园。

2. 律诗

庚午大年初二之夜（1990 年 1 月 28 日），浓雾骤至上海，闻道为数十年未有之壮况，感而赋此，时妻远归胶东故里省亲，因寄

旧曲闲情畅，春新暖玉杯。
江城帘幕合，梦境系烟开。
灯火疑星月，仙人共榭台。
愿为乘雾客，一夜到蓬莱。

庚午（1990 年）新春，妻远归胶东故里省亲，因寄

莫道近春巷陌盈，伊人远去隔云尘。

南歌觞饮申江酒，北笛声飞蓼鲁城。
陋室且堪援破笔，闲书安得占虚名。
骤听爆竹惊新梦，觉后依依尚有情。

庚午（1990年）之春，苏州王西野先生（霜桐老人）赐画梅花，并题姜白石词句“旧时月色，曾几番，照我梅边吹笛”相赠，归沪成此五律奉谢

霜桐工绘事，白石小词藏。
恰使篱边笛，恍开月下妆。
冷香萦箧笥，逸气忆吴乡。
解得梅高韵，唯吾引兴长。

庚午（1990年）九月，游海盐南北湖，暮登鹰窠顶云岫庵，夜雨留宿僧舍，饶有野趣，赋此五律

芦风归白鹭，落日海盐城。
攀桂探鹰窟，隔湖掣鲨鲸。
堤长分绿水，岸阔接青坪。
秋雨连僧舍，云深野暮情。

上海图书馆长乐路阅览室，读明版董其昌《容台集》“画旨”“画眼”感赋

云峰烟树终长好，积墨援毫胜化工。
为抚元贤三万遍，起开清代百年风。
南宗北派同真赏，画意书情原自通。
艺匠文思何所在，至今吾忆董思翁。

1991年元旦，登杭州孤山远眺西湖

临安故事梦成空，吴越湖山旧日同。

欲度六桥迷翠柳，重寻净刹有仙风。
斜阳帘外轻笼雾，岚树台前晚退红。
难得留连为过客，孤山独坐绿荫丛。

步马一浮、谢无量唱和鱼韵律诗，题安吉出土东汉砖刻文字、鱼、鸟纹饰拓片十二帧

珍遗史迹每耽予，闻出千年安吉居。
古径荒寒张氏冢，宜官富贵汉砖书。
图传子建铜台雀，石刻庄周涧水鱼。
寄语诸君重认取，细心摹拓莫虚如。
注：出土之砖刻有宜官、富贵、张氏祀堂等文字，并有朱雀、鱼纹饰样。

3. 对联

题花竹图

春风看竹劲，
晓露坐花阴。

赠沈渭滨教授

复旦大学沈渭滨教授，为当代史学家，其夫人为清代画家琴隐园汤贻芬后人，庚午（1990 年）初夏，成此嵌字联奉教。

琴音回雅韵，
隐史核真情。

癸酉腊月初三（1994 年 1 月 14 日），悼叶潞渊先生

时雨每沾欢往昔，
青毡永慕痛平生。

二、春晖堂词选

庚午（1990 年）春，游姑苏洞庭西山，调寄《采桑子》

桐花十里轻阴路，借得春风，宛似飞鸿，帆影迢迢见石公。

古来纵目登临处，明月坡东，人醉吴宫，留却湖山韵事同。

（注：石公为山名。明月坡相传为吴王、西施赏月所在。）

庚午（1990 年）立夏夜，起读，调寄《捣练子》

春又转，燕来东，宛似柔情浅夏风。

怎奈夜长起独吟，《花间集》里月玲珑。

辛未（1991 年）春节，妻远归胶东省亲，调寄《点绛唇》

夜雨西风，伴将别恨鸡窗晓。小庭花悄，忆昔人欢笑。

千里烟云，纵使音书到，知多少。寄言青鸟，只待归时早。

辛未（1991 年）春节，调寄《醉太平》

灯红影迷，笙歌竞嬉。小庭窗罅闲窥，对今宵月霓。

熏氛入微，春融梦帷。又看佳节新梅，任东风送归。

辛未（1991 年）冬，星夜怀母，调寄《洞仙歌》

离愁黯黯，更人间长恨，青鸟疑传错音讯。况西风几度，凄雨萦怀，归梦里，天阙尘寰难近。

卅年慈母线，岂忘今生，口泽杯卷感情淳。怅逆旅无依，问暖知寒，思畴昔，豆羹饭鳟，念寸草春晖沐年年。面素影平生，向隅悲悯。

附：先母陈太夫人墓志铭

先母讳秀英，原籍江苏射阳，外祖家禧公之次女也，公元一九三八年三月六日生于沪渎，赋性聪慧，读书明理，年十八归府君，克勤克俭，恩育三子，平生安贫而乐于助人，当其谢世，邻里为之恸哭，先母痛于一九九一年八月二十二日，享年五十有四。忆母生我，特加爱怜，于今茫茫三十载矣，寸草春晖，尤难忘怀，因涕泣而铭曰：

永慕母慈，再见何期？白云萦绕，魂魄长依。

哀子正平敬铭。

晴云秋月楼诗词选

（海上正平周宓　中年吟稿）

一、晴云秋月楼诗选

1. 七言绝句

诗三首奉寄刘伯农胡文燕画家

台湾高雄画家刘允亮字伯农、海上画家钱定一字夷斋，两人后先为吴子深先生入室弟子也。昔日，伯农尝问画于张大千，又与当今画坛大家鱼饮溪堂谢稚柳、高花阁主陈佩秋夫妇为师友。余先闻其名于高花阁，今秋，刘伯农、胡文燕夫妇于上海刘海粟美术馆举办画展，由是相见，遂定翰墨之交。日前，伯农两度邀余至青溪堂畅谈艺事，欢若平生，又继夷斋画卷后为余制《娱信书屋图》，感而赋此。时庚寅（2010 年）冬十月初十日夜，正平周宓漫记。

高花阁里属佳宾，鱼饮大千也问津。
谈到子深情切处，应知桃坞有传薪。

一枝妙笔出凡尘，宛似黄筌写锦春。
却向元贤师董巨，香光居士自精神。

青溪堂上墨犹新，娱信书斋竟日陈。
谁识南台图画客，申城独坐此何人？

辛卯（2011年）春节，贺韩天衡美术馆建立

铁笔纵横几十秋，秦书汉篆足风流。
谁知岳老苍然后，又见衡公力劲遒。

题西湖秋荷之景

辛卯（2011年）九月，余及众画友访杭州唐云艺术馆，得便同游西湖，时残红落叶，渔人渡船，皆成烟水荒寒之景物，归沪成此二绝句

秀立婷婷誉古今，风姿尔雅沐甘霖。
闲来看取西湖水，里六桥头碧影沉。

谁是深秋野老翁？长堤寒雨转孤篷。
诸生笔底苍茫意，画出炎凉世态风。

（注："里六桥头"四字转引明代大画家陈老莲诗句，指六桥、里西湖一带水面。）

辛卯（2011年）冬，贺唐逸览世先生画展

雪个清湘世所珍，冬心秋岳俱传神。
纵横逸览唐家样，大石斋前是锦春。

（注：雪个，指八大山人；清湘，指石涛；冬心，指金农；秋岳，指华嵒；四家皆为唐云先生取法。）

贺张雷平画家"心织笔耕"展

壬辰（2012年）端午前数日，冒雨往观张雷平画家"心织笔耕"水墨艺术展，

归来小诗奉贺

白鹭蒹葭意趣真，湖光掩映一犁春。

雨田层叠千山好，看取画家泼墨新。

题友人画梅花

数笔盘根老折枝，伴将疏影暗香词。

看君赋彩成新意，画出梅花别样姿。

癸巳（2013 年）十月小雪后数日，观友人画苏东坡行吟图

友人擅画人物，运笔迅疾洒脱，盖笔耕墨耘，业精于勤，为数十年心力汇聚，画家能事，于此可见，感赋一绝句

此君持笔画匆匆，咫尺神传造化通。

正是坡公行吟处，大江明月任西东。

夷斋先生文稿将付梓，小诗奉贺并寄钱芃女士

吴越钱王远古祠，

文章千百代相宜。

看君俊逸清晖笔，

图画虞山雪霁时。

2. 对联

题秋山读书图，时戊子（2008 年）八月初七日之夜，

高树遥岑连碧草，

初秋新雨点书窗。

忆钵水斋，时戊子（2008年）腊月初一日

诗到江山好，（钵翁）

春生草木新。（周宓）

（注：上联苏渊雷先生诗句，下联仿其意为之。）

忆唐云先生

辛卯（2011年）元宵夜，写成“最后的唐云”一文，念及往昔观唐先生作画，谈诗论艺，人生幸事耳，因改旧稿成此对联：

画笔千秋，清湘月下真名士；

文心几度，大石斋前小学生。

（注：清代大画家石涛，号清湘老人，其画为大石斋唐云先生毕生师法。）

题青山绿水图，时壬辰（2012年）五月十三日晨起

山鸟影随千叠绿，

湖船波荡四围春。

题晓风明月山水图，时壬辰（2012年）五月十三日

林表晓风经宿雨，

江心明月渡归船。

赠友人嵌字联，时壬辰（2012年）之夏

晓露研新墨，

明窗读古书。

又

晓风来馆阁，

明月照华亭。

题松江名胜古刹

壬辰大年夜（2013 年 2 月 9 日），松江友人以“方塔”“普照云间第一楼”为题，短信促制对联，即兴成此：

方塔西林，慈航海上三千里；

圆通禅定，普照云间第一楼。

癸巳元月初一日（2013 年 2 月 10 日）新春联

壬辰冬十二月二十九日，夜雪初积，次日即癸巳元月元日，艳阳新晴，写此新联贺岁：

瑞雪冬云呈白洁，

灵珠春雨复新晴。

癸巳（2013 年）元月初八日，敬挽刘东强岳丈

正行明志，传鲁东今世人家，恩延后代；

厚德博文，承孔圣先贤事业，乐育精英。

丁酉（2017 年），妻重游嘉兴南湖嘱制对联

几经春暖南湖水，

又上前贤烟雨楼。

丁酉（2017 年），代夏大珂道长撰嵌字联赠天一、心觉禅师

天一禅机连道法，

几番心觉入如来。

二、晴云秋月楼词选

癸巳（2013 年）十一月冬至日，观程十发先生山水画并寄程多多画家，调寄《满江红》

一代宗匠，叹去也，何人能继？千秋笔、高台舞榭，远山丛翠。董巨画师遥可忆，华亭禅趣曾相寄。看清湘，搜取尽奇峰，名青史。

思往昔，丁卯岁。元宵夜，犹堪记。但轻歌教得，曲终人醉。三釜书斋回雅韵，小窗帘幕开新卉。似此番，展卷又填词，程公第。

（注：忆昔丁卯年元宵夜，程十发先生邀请至吴兴路居所，至今忽忽已二十余载，人事变化，深为感慨；日前数访三釜书屋，与程多多画家听昆剧、畅谈词曲、纵论绘事，相聚甚欢悦，归来感而成此，时甲午新年将至。）

甲午（2014 年）元月，题《梅影书屋印存》并和秦少游词韵，调寄《鹊桥仙》

东庄神笔，螺川韵语，漫写关山几度。安持琐忆至今传，此番事、分明细数。

前贤印迹，留真梅影，解得东风归路。知春仙馆历三秋，善摹拓、相将朝暮。

爱宠小记

这是一篇关于爱猫的故事，与时下普遍的养宠之风相联系。

原以为，养猫只是凡夫琐事，然而，查阅中外掌故，爱宠名流的趣事不胜枚举：古埃及文明数千年前就与猫相关，世界上还有个爱猫都城——伊斯坦布尔；中国在唐宋时期，猫咪已成为人们良好的陪伴者，苏东坡门下学士多爱猫，如：黄庭坚有《谢周文之送猫儿》诗，秦少游《蝶恋花》词句“闲折海榴过翠径，雪猫戏扑风花影”。南宋诗人陆游，养猫之余，竟写出好多名句，觉得猫能抵御老鼠，有“尽护山房万卷书”之功，他有一个非常喜欢的白猫，唤作“雪儿”，认为那是“前生旧童子，伴我老山村”。到了明代，吴门书画家文徵明也爱猫养猫，当然，影响力最大莫过于嘉靖皇帝。

猫咪作为众多小动物之一，为什么惹人爱怜？龚自珍说得好：“缱绻依人慧有余”，描述其喜欢接近人还具有各种萌态。

这个世界的生物，不应该只有人类可以存在。

一、凯撒和辛巴（上篇）

妻曾向我述说小时候在老家养小猫小狗之事。十多年前，那时住公寓楼，她好像忽然又有了这方面的爱心，开车带我来到浦西的北部一幢楼里，领养一只小白猫，但对于猫的生活与习性并不细晓，很快便还了回去。

我们真正对于猫咪的认知是近两年的事，始于一次偶然的相遇。

2020年8月上旬，早先收养的小田园犬哈雷已一岁多，活泼好动，一天傍晚，小主人明达带着他，像往常那样沿着小区的路径溜达。

前方道路的草丛边，正有两个小可怜发出细微的叫声，一个白色的，另一个淡褐色的，显得稚嫩与无助，他们应该是同母异父的孪生兄弟，长得一般大小，晃动着柔弱的身躯；哈雷好奇地靠近嗅着，这么长时间过去了，难道是猫妈妈无力抚养后遗弃的？明达便把他们抱回家园。

两个初来的小生命，刚能睁开懵懵的双眼，需要羊奶粉融合入水，借助注射管哺乳。

白色的奶猫叫声频繁，吸食奶水时定会将小前爪扒住注射管，面对食物横卧盘中，较显得健壮，明达便为他取古罗马将军之名——凯撒。

淡褐色的稚弱，小主人希望他能强健起来，取影片《狮子王》主角之名——辛巴。

小狗哈雷常常噘着嘴好奇地舔他们的肚皮和屁屁，“不许咬啊！”我们大声喝着，但哈雷这样做有益于小家伙们排便……

凯撒和辛巴在寂静的园子里逐渐长大。

达·芬奇曾说：“小猫咪堪称艺术佳作。”

不知从哪天始，两个小家伙学着嬉闹，体健的凯撒总喜欢占居上方，辛巴仰面在下，伸出小爪子抵御……

仲夏之夜，河边的柳荫、矮丛，伴随着微风、小生命，形成自然的组合；正面向南门口的石平台上，家人搬出布套小沙发，我静静地躺着，仰望天空，月如明镜，凯撒和辛巴刚满月，跳到我怀里，嘴里发出咕噜咕噜的声音，很快便萌萌地睡着了，这真是最美好的时刻！

文弱的辛巴

辛巴已长成一个小橘猫，有着淡褐间金黄色的绒毛，文静，极少有叫声，他与凯撒经常活动在石板平台上。

八月底一个傍晚，哈雷不知何故，竟几次叼起幼小的辛巴晃来晃去。恰巧没多久，我走进园门，看到辛巴已侧躺在地上不能行动，甚为惊讶。明达跑了出来，带着他立刻赶往宠物医院。辛巴因胸部受伤而晕倒，住院救治一周时间才幸免于难，辛巴太弱了，需要更多的爱护。

可爱的凯撒

凯撒性情活泼，经常钻到栏杆边的狗尾巴草里，或是河边的矮丛；吃饭时，凯撒有时会从小狗哈雷的碗里抢起一大块肉就跑，还发出咕咕的护食声来，萌态可爱。

凯撒是一个善于沟通的小家伙，很幼小时，嘴里就会发出许多种声音，像个小话痨。记得他一个月时，某天好奇，沿着楼梯跑进地下室，面对着昏暗陌生的环境，喵喵直叫，表示担心；又有一次，凯撒贪玩，出去两个多小时，迷路了，在外面急得大声喵叫，那意思要回家，妻很远听到了，快速把他抱回来。

凯撒

快递小哥来了，凯撒会学着哈雷的模样，蹦蹦跳跳迎上去，又蹦蹦跳跳跑回来。

每当夜晚，凯撒习惯性地紧贴着哈雷入睡，那种温暖和隐蔽只有这小家伙自己能感知，可笑又可爱，许多次，我们觉得哈雷并不乐意，却也无奈。辛巴则独自伏在另一垫子里。

海岛短别

进入十月，我们即将去舟山枸杞岛旅游，行前，担心两个小家伙挨饿，特买了自动喂食机和饮水机。

面对着海浪、礁石、航船，还有街景和美食，我不时会想到家里的毛孩子。

五天以后，10月6日下午，一行人回来时，发现凯撒在酣睡，辛巴抓着绳索包裹的猫爬架柱子，正玩得起劲。

10月8日，小主人明达又要去sheffield读书了，凯撒和辛巴，围着猫爬架，上下嬉戏，明达看着吩咐说："两个小家伙，好好待在家里啊！"去机场的路上，哈雷欢快地跟车相随……

S 花城之旅

10月13日，星期二。

我带哈雷将去S花城，看着可爱的凯撒和辛巴，临时决定一起前往，便找来他们很幼小时待过的蓝色小笼屋，两个小家伙被抱了进去，凯撒起初还喵喵叫着，不多久，便平静了。

凯撒和辛巴

哈雷熟练地跳向后座，小车快速驰上外环。

凯撒舔着辛巴，靠在一起，不久便睡着了。

中午时分，到达S花城，已有几个月没有来过这里，打扫房间开始啦！

哈雷跟着我，不停地忙进忙出。

凯撒和辛巴可热闹开了，一点都不怕陌生环境，来到北房间、床边，跳上跳下，客厅、阳台，到处跑；过了好长时间，我发现凯撒躲在被子里酣睡，南面房间的纱窗忘记关住，辛巴跑出去了……

入夜，哈雷、凯撒和我都显得有些落寞！

南房间的矮床上铺着毯子和浴巾，凯撒这次不愿意和哈雷睡了，嘴里发出咕噜咕噜的声音，径自来到我左侧怀里，露出小肚皮，要我撸撸，那眼神真像是一个孩子！

为找到辛巴，我在S花城连住三天，寻遍了附近的角落，并给两位关爱小动物的热心女士留了联系方式。

每次，我在房间里走动，凯撒总是喵喵叫着，紧紧跟随，好像担心我也会丢了……

直到10月15日下午，我无奈地载着哈雷和凯撒返程，车过洋桥，左转，凯撒忽然发出一次悠长的叫声，那音调，像极了人的叹息，不知为何征兆！这时，前方不远处亮起红灯，车速减停，我伸出右手，摸了摸心爱的小凯撒的下巴……

辛巴跑丢了，那真是失落的几天！

辛巴回家

10月17日，星期六。

近中午，S花城的小王阿姨发来信息和视频，得知辛巴被六楼一个小女孩从过道里捡去，现在抱着出来又被发现了，小王阿姨特意留住辛巴，这真是非常高兴的事！

当天下午，我便再次驱车前往……

与此同时，Q阿姨来，帮着家人在园里除草，哈雷和凯撒在一旁转来转去，开心地凑着热闹。调皮时，哈雷做出准备追逐的样子，凯撒立刻竖起毛，吓得哈雷又退了回去，这就是无所畏惧的凯撒。

凯撒和辛巴

入晚，我已将辛巴接回，全家高兴，凯撒仿佛能理解这几天的分离，面对辛巴，围前卫后，显得特别亲昵。

晚饭以后，凯撒和辛巴又习惯于嬉戏。凯撒稍后退，向前扑，如此再三，辛巴欢快地奔跑进客厅，在地毯上转着圈，凯撒随后快速追，腾跃而起……

凯撒之痛

凯撒的身体，两个月时，已近四斤，比孪生的辛巴多出一斤，使我对他产生超强健的错觉。

他善于通过叫声与人沟通，也喜欢跳到我们身上来。

随着时间推移，凯撒小男孩长得越来越英俊，蓝眼睛，通体洁白，像一个小雪球，具有安哥拉猫和波士猫的血统，显得高贵又帅气；然而，从遗传学说，由于缺少黑色素，蓝眼纯白猫的世界里没有声音，也就是说，凯撒没有听觉，不懂得防范！凯撒的内心对外界也没有畏惧感，其实，这正是最需要倍加保护的原因，然而，我并没有重视。

10月21日，星期三。

早上，我们带着凯撒和辛巴，到附近的宠物医院进行第二次猫三联疫苗，针扎进后脖颈，辛巴躬着背，没有叫，凯撒一愣，直起背，露出惊恐的神情，也没有叫，真是太可爱的两个毛孩子！

回到家，我习惯性地坐在南侧的单人沙发上，凯撒还是那么喜欢亲人，跳了上来；不久，天渐渐下起了细雨，哈雷和他们便躲到门厅里，隔着大玻璃看我，凯撒的眼神尤其显得依恋，岁月静好，我取出手机，拍摄出他们幼小的身影。

10月22日，星期四。

早晨，我带着哈雷，去附近的工作室。这天，凯撒和辛巴，待在为他们准备的人字顶小屋里。

傍晚回到家，毛孩子们已经饿了，围着我进进出出，赶紧喂食吧！吃完了又是蹦跳嬉闹。转眼时间，凯撒跑进屋里，调皮地跳上桌子，找到一盘鱼吃了起来，我把他抱进人字顶的小屋里，凯撒看着我喵喵叫，表示不乐意，我只好又将他放了出来。

天渐渐昏暗不清，不知为何缘由，路右侧停着车，我便走到院门外路对面，想看看究竟，那是东面第二家暗红色的车，调转驰来，紧贴我家门口的路面，我隐约觉得一个小白影闪过，瞬间迟疑，没有果断拦下，那车竟从凯撒的腹部压过，那一瞬，我的小凯撒面临剧痛和无助，扭动着四个小爪子，他太习惯于相信人类了，却不知道躲避！

事后，那个驾车的女人和边上的男人逃之夭夭，没有一点歉意，冷漠的货色……

我急忙带着凯撒来附近的宠物医院，妻得知消息随后赶到，心疼地不断抚摸他腹部的小短毛，然而，我们已永远失去了可爱的小凯撒！相比较哈雷、辛巴而言，凯撒具有开心果似的性格，怎忍心离别？生命如此脆弱，美好的时光如此短暂！可怜的小凯撒才两个半月多一点大！

我们将小凯撒用盒子带回他常睡觉的门厅，伤痛之夜……

翌日，太阳已不再前些时般的炎热。我又托起盒子放置在石面平台的一角，任由微风吹过，那是他经常与辛巴嬉戏的地方，度过了寂静的一天。

复翌日，10月24日，星期六，清晨，晴和。

西南边的大樟树下，北侧，长年能看到石面平台的土坡，深挖，是我小凯撒永远的栖息地，洁白的小身躯正伴有紫色的蝴蝶兰花、摇曳的狗尾巴草、干粮，覆盖石板、小面包石！

往昔，凯撒给我的快乐无可替代，耳边仿佛还回响他悠悠的叫声……

我想起美国作家杰克·凯鲁亚克的话：“对我来说，那只死去的猫如同我的小兄弟！”

小动物受到伤害，很疼痛吗？肯定会的！只不过人类可以将它们排斥于自己制定的道德以外，加以欺辱！

回忆凯撒

凯撒离去，竟带走了我许多快乐。家人知我失落，10月27日，通过购买途径，找来了另一只蓝眼纯白小公猫，按商户描述，他出生约两、三个月，但疑惑的是，体重只有八两，为了纪念前者，我们也叫他凯撒。

然而，小小凯撒的性格迥异，特胆小，食量极少，显得孱弱，与辛巴相处一天后分开，经附近的宠物医院诊断伴有疾病，很快就住院，吊营养液，打了许多针，回来继而隔离，时时紧贴着人，或蜷伏在阳光照见的小书房里，待到11月5日上午，可怜的小小东西总共生活了九天时间……

回想起凯撒，是我挥之不去的心痛！

2020年12月11日，清晰地记得，那是将去独墅湖景观友人居处的前一天傍晚，辛巴已进入人字顶小屋，妻刚牵着哈雷出外溜达，我正待在客厅里。很快，妻从门口又进来，拿着牵哈雷的紫红色带子，两手还横过来摆弄了一下，回看着与我对视，在暗淡的光线里，我发现她穿了一件从没有见过的中长纯白色连衣裙，质感很像是毛衣，裙摆处还有暗红的梅花点，正疑惑间，她匆匆走上楼梯，左转不见了，接着从二楼传来一阵咕隆隆响，像是好几个盆翻落的声音。

又过了些时间，妻带着哈雷进了园子。

“你刚才回来过吗？”我抬头问。

“没有啊。”她不解地回答。

沉默！我不再言语……

亲人的小猫咪真可爱！凯撒比之于辛巴、哈雷，是被抱得最多的一个，他舍不得离开这个家！

我想引用美国作家海明威最后的遗言："晚安，我的小猫。"

二、辛巴和凯蒂（下篇）

孤独的辛巴

自从辛巴失去了孪生兄弟和玩伴，我们对他倍加爱护。

不几日，发现辛巴的跳高能力更强，他开始能够跃上沙发的扶手和椅背，又跳上客厅的柜子，爬进紫色的西洋兰花盆中，萌萌地好奇张望。他跳下时不小心跌碎了花盆，我任其所为，轻轻抱起他坐在沙发里，抚摸他的小身体，静静地相互陪伴。

辛巴开始了孤单的生活，我的怜悯之心油然而起！

作为小橘猫，辛巴长得并不胖，可以说有点秀气。

此前，辛巴与凯撒几乎都是散养的，他胆子太小，好几次，爬上河边的柳树，却恐高，咪咪直叫，吓得不敢下来。他还是常常会跑到外面，躲在其他院子里，或穿过桥到对岸，找别的小猫咪玩耍几个小时，甚至一上午，使我担心。正当我坐在沙发里准备休息，辛巴不声不响回来了，跳到身边，揣着两个小前爪，静静地看着。

辛巴有时候会和哈雷嬉闹，但看不出如凯撒在一起时的愉悦，更多像是防卫。

闲暇时的客厅里，辛巴也喜欢匍匐在西侧大窗边，或跃上单人沙发的垫子，闲看院中的花草、落叶，飞动的小鸟……

辛巴孤寂时还会躲在地下室转弯靠墙的过道里，待我走下楼梯突然跃起，又突然逃跑，我知道那是他过去经常喜欢和凯撒玩的躲猫猫游戏……

天气日渐寒冷，很快到了冬天。

每当我在小书房南窗边翻阅书籍和画册，辛巴正沐浴着阳光，蜷伏在身边相伴，这种温馨使我联想到，辛巴的模样就如同英国名相丘吉尔的小橘猫，心里也会有一种欣慰！

我们将地库改建的一层带卫生间的房间整理干净，作为他特定的生活居所。

为了辛巴能够亲近自然，也为了更安全，妻在园中定制了一个高大的孔雀笼，直径三米，高也有三米多，里面放置人字顶的小屋、小吊床和玩具，在晴和的天气，足以让他欢跃和栖息。

小调皮凯蒂

辛巴确实孤寂，他需要一个伴。

最初建议我领养的是宠物医生，后来还有爱宠友人的关心，然而，凯撒给我留下太深的印象，总希望他的模样能再现。

2021年3月30日，我根据友人的信息，来到S城北部，这里的纯白色猫妈妈生了三个小宝宝，刚满月，较长毛的妹妹已被领走，剩下另外两个分别是弟弟与妹妹。那爱猫的女子告诉说："猫妹妹2月22日出生，也是蓝眼睛，头顶上只有两三根小黑毛，若是长大就会看不到的。"再看，通体洁白，与凯撒小时候很像，我寻思：辛巴应该更喜欢小母猫。

凯蒂

带着蓝眼小白猫取道S花城，又回到了凯撒曾经来过的地方，入夜小住，小可爱妹妹喝了冲饮的羊奶粉，勉强吃点幼猫粮，到处抓爬，好活泼，该起一个好听的名字啦！又想起了凯撒，但这次是小母猫，取第一个音发挥，"凯瑟琳"，想想，昵称"凯蒂"就很好！

翌日，凯蒂钻进小猫包，很乖，随车来到4S店，休息时跑出来在沙发上蹦蹦跳跳，也不知道害怕。

凯蒂太小，回到家，被单独安排在小书房里，好奇地到处钻、到处爬，书柜的底层、布垫子上。凯蒂喜欢靠窗晒着太阳，给自己舔毛，醒来对我直直地叫，要吃的……

辛巴和凯蒂

再说辛巴，太孤独了，有一段时间，我们只要开门，他就朝外窜。仲春某天，他突然发现小书房里的秘密，有小猫咪的动静，于是，辛巴便伏在门口，不愿意离开。

我不忍心他这样苦苦地等待与坚持，将门敞开。

辛巴和凯蒂初见面时的惊诧和喜悦，出乎想象！

此时，辛巴已有八个月，靠近，开始围着她转圈，凯蒂还不到两个月，稚嫩的样子，竟迎着上前一扑，辛巴被吓得跳开来，又接近。同类、异性，真有莫大的开心和好感！

辛巴和凯蒂

日后，小调皮凯蒂总喜欢缠着辛巴，扑闹，摇尾巴，对着叫。

他们分别在两个小碗里吃着。有时，凯蒂会跑过去，嘴里发出咕咕的护食声，小爪子巴拉，抢辛巴碗里的食物，辛巴便让着她，转身离开。

辛巴似乎有与生俱来的好脾气，他高兴时会一下子翻转身来，脖子、肚皮、四个小爪子都朝上，让我们抚摸。我的辛巴，寻常模样，却有极温和善良的性情。

也许是小时候被抱得太少，凯蒂长大后显得较冷漠，常有防范之心，开心时，可以被摸摸小脑袋，拍拍小屁股，若是其余部位，立刻会受到小爪子攻击。

她喜欢自顾追逐着滚动作响的小球球，甚至玩上多半天，好奇、天真、神情投入……

夜晚，辛巴有时候会竖着前爪按房间里的灯钮，灯亮后，凯蒂还会关灯，我不知道他们这些模仿人的动作是有意识还是无意识的？

若将两个小家伙短暂分开，辛巴便会发出细长的声音，不停地叫唤。

阳光明媚的日子，家人时常将他们抱进园中的大孔雀笼里，感觉自然界的气息。

在寒冷的冬天降临之际，辛巴和凯蒂，已习惯于地库改建成的房间，紧紧相依，这是他们真正幸福的家！

当代文化人与猫

我翻阅有关资料，回想人们为什么养猫？因为一些破碎的情绪需要猫咪来治愈！

对猫的迷恋，在从事创造性工作的人群中最为强烈。当代大画家毕加索画室里有一个可爱的猫。据悉，我国众多文化人身边也常伴爱猫。

关于主人爱猫的故事，讲来还有些笑话：

往昔，大学问家钱钟书曾与大名人林徽因比邻而居，钱先生养一白猫，林女士有一黑猫，黑猫凶悍，白猫不敌，钱先生看到愤愤然，好几次，拿着长竹竿相帮自家白猫打跑黑猫，日久，对林徽因也有微词。

梁实秋在一篇《猫》的文章里讽刺道："鲁迅先生自称不是正人君子，所以常常半夜里拿长竹竿和猫打。"

徐志摩的爱猫名叫"法国王"，他送给胡适的猫名叫"狮子"。

梅兰芳出外演戏时，家信附言，每问所养之猫……

上海书画家中最爱猫的莫过于吴湖帆、潘静淑夫妇，还有丰子恺家庭了。

吴湖帆曾将自己给猫拍摄的照片放大，挂于嵩山路梅景书屋壁上，并收藏三十余幅有关猫的古画；其夫人自幼2爱猫，闲暇喜画猫，吴为之补画蝴蝶、花卉，以祈求祥瑞。

丰子恺爱猫有家风，曾回忆："父亲晚酌时，（爱猫）它总是端坐在酒壶边。父亲常常摘些豆腐干喂它"，那老家的老猫"活到十八岁"。丰子恺还有好些关于猫的美文与插图，如：《白象》那篇，讲的是一个白色异瞳的母猫，20世纪40年代，曾跟随生活于上海、杭州两地，小奶猫们出生后，丰子恺的子女们都随着一起喂养；每逢他"架起了脚看报或吃酒的时候"，留在身边的"两匹小白猫"，便爬到两只脚上，"一高一低，一动一静，别人看见了都要笑"……

十五年以后，丰子恺又收养了一个小白猫，取名阿咪，是中国父与外国母的混血猫儿，"毛甚长，有似兔子"，若论品种，现在人称之为"串串"。丰子恺的《阿咪》一文发表于《上海文学》，当时，这猫咪才三个月，喜欢与人嬉闹，"态度异常活泼”，文章插图有作者与小猫的两张合照，其一是老先生写画，阿咪伏在他的肩上，另一是老先生阅读，阿咪竟爬上他的头顶。

上海辞书出版社的青年编辑王伊艺校友，与笔者有爱猫同好，她发给我今人陈子善编著的《猫啊，猫》一书，选辑当代众多文化人与猫的美文，读来深受启发。

我相信，每一种动物，都有其自身的语音和表述方式，但它们没有人类的智商与狡诈！

以后，人类对小动物的宽容与爱护，也体现出文明的高度。

人类怎样才会博爱天下呢？

哈雷、辛巴和凯蒂

后记一（代）

责任使然的倾力之作

——读《上海艺林往事》一书感悟

朱龙明

前些时日，应周正平教授邀约作客，正平兄郑重其事将其新近创作的《上海艺林往事》一书作见面礼相赠。欣喜之余，翻看此书，不仅被书中幽默风趣的文字吸引，也被各位艺术大师的风采打动。

正平兄是我多年前结识的一位好友，是令我尊敬的兄长，属艺术圈内之人。我们彼此交往甚多，但我真还没留意过他平日里留下的文字和其他出版的书籍。

《上海艺林往事》一书记录了三十余位海上艺林诗书画家，其中有不少大家曾与正平兄有直接交往。该书以一个个真实的细节、充满灵动的故事，勾画了大师们的从艺经历和性格特征，文字表现相当真切、感人。

正平兄很早入行从事书画篆刻创作，跟随唐云、叶潞渊等大师。在书画篆刻方面，艺术造诣上了等量级。书中描绘的很多细节是作者的亲身接触，为此，在记录大师们的从艺和为人之道时，文字把控得相当自然、到位，没有虚事拔高，也无矫揉造作。与其说作者是在记录大师从艺的点点滴滴，还不如说作者在给当下的艺术圈留下了大师们授业解惑的第一手资料。从这点意义上说，本书的结集出版，是一件利在当下的好事。

作为一名历史的承载者和记录者，作者选取的角度也相当独特。没有平铺直叙就事论事，而是用常人所忽视的生活细节加以勾画和凸显，定格和回放，使得本书的现场感特别强烈、厚实。

如，程十发先生在和作者谈论绘画技巧时，这样描述："浓墨不可多用，如同演员唱戏，大部分是中间调，高嗓门不可持续往上提，下来再提，才上得去。同样道理，画中太浓的墨是起提神作用的，不能常用，要赋予变化。"十发先生用唱戏比喻丹青墨法，既形象生动，又含有绘画知识和技巧。这些充满智趣的文字，让读者再次领略了十发先生的诙谐幽默，从艺严谨，对年轻一代关心呵护的生活侧面。又如，在介绍“月份牌”画家谢之光如何惧内，离异后又如何迎娶“美丽牌”烟标月份牌模特芳慧珍的经过时，书中引用郑逸梅的材料，生动地写道：谢之光有外遇，一次，不意被潘锦云（前夫人）知道了，对面碰见，谢吓得“拔腿就跑”，夫人哪里赶得上，情急之下，连嚷着捉强盗，警察果然将这“强盗”捉住……谢夫人发现了谢之光与芳慧珍的关系，但她未与争吵，理智地提出离婚。1930年，谢之光和芳慧珍正式结婚。……谢之光以后创作的大部分月份牌美女都是以芳慧珍为模特。

唐云先生是作者艺术创作的领路之人。在介绍唐云论画的“朴”与“悟”的细节时，作者选取了自己当初追随唐云先生学画的经过：某次，我与唐云先生谈得高兴，就说：“我想随唐先生学画画。”唐先生用手指着画桌说：“你就学好了。”日后，他常常对我说：“学画如同打拳、唱戏，要做到拳不离手，曲不离口。说着，两手比划做了一个打拳的动作，令我发笑……”

这些年，正平兄除了在大学里教授绘画之外，常有心于撷取大师的从艺片段，出书发表，实属难能可贵。用他自己的话说，为师者，理应有责任担当。闲谈中，我得知，本书的资料收集、撰稿、出版，花费了整整5年时间，通过精雕细作，细致描述，最后呈现了一本融知识性、趣味性、真实性于一体的艺林往事，堪称倾力之作。

（本文为前书姐妹篇《上海艺林往事》读后感，约写作于十多年前）

后记二

十多年前，笔者曾写过一本艺术类掌故逸闻方面的书，尚得业内关注，名为《上海艺林往事》。嗣后，相关刊物也时有约稿，复旦大学老校友、上海辞书出版社的王圣良兄也多次希望我出版新著。现在这本书从内容方面可以说是前者的姐妹篇，仍以真实性、知识性、趣味性为基础。

古往今来，书画金石与诗文相通。本书费时多年，主要以此内容为主线，逐渐展开。人在寂寞中潜心自己的事业，其挚著也如同信仰。

本书关于谢之光、陈从周、苏渊雷的三篇文章，因被相关刊物和文章转载、引用较多，较有影响力，故从前书中再次收录。

感谢《新民晚报》著名作家秦绿枝先生的关怀和知赏之情。笔者原与这位老前辈并不相识，后来，于报端写了一些回忆的文章，得到秦先生撰文呼应和谬许，才有机会走访，相谈甚欢，相识恨晚。2014年初夏，他以八十九岁的高龄为我写作序言，确实为本书增添了光彩。

我还要感谢著名传记作家郑重先生题写书名。

本书在拍摄图画资料过程中，还得到李玉棠、李文心父子的帮助，也表示感谢！

时2022年2月

正平周宓于晴云秋月楼灯下

图书在版编目(CIP)数据

上海艺林珍闻 / 周正平著 .. — 上海：上海辞书出版社，2022
ISBN 978-7-5326-5950-0

Ⅰ. ①上… Ⅱ. ①周… Ⅲ. ①艺术家—事迹—上海—现代 Ⅳ. ①K825.7

中国版本图书馆 CIP 数据核字(2022)第 142699 号

SHANGHAI YILIN ZHENWEN

上海艺林珍闻

周正平 著

责任编辑 杨丽萍
助理编辑 王伊艺
装帧设计 黄 骏
责任印制 王亭亭

出版发行 上海世纪出版集团
上海辞书出版社(www.cishu.com.cn)
地 址 上海市闵行区号景路159弄B座(邮编201101)
印 刷 上海丽佳制版印刷有限公司
开 本 720×1000毫米 1/16
印 张 16.75
字 数 281 000
版 次 2022年10月第1版 2022年10月第1次印刷
书 号 ISBN 978-7-5326-5950-0/K·1221
定 价 98.00元

本书如有质量问题，请与承印厂联系。电话：021-64855581